ルレンジ攻略。

を攻略するべく性能を追い求めました。
すいウェイトで北の大地のトラウト達を魅了します。

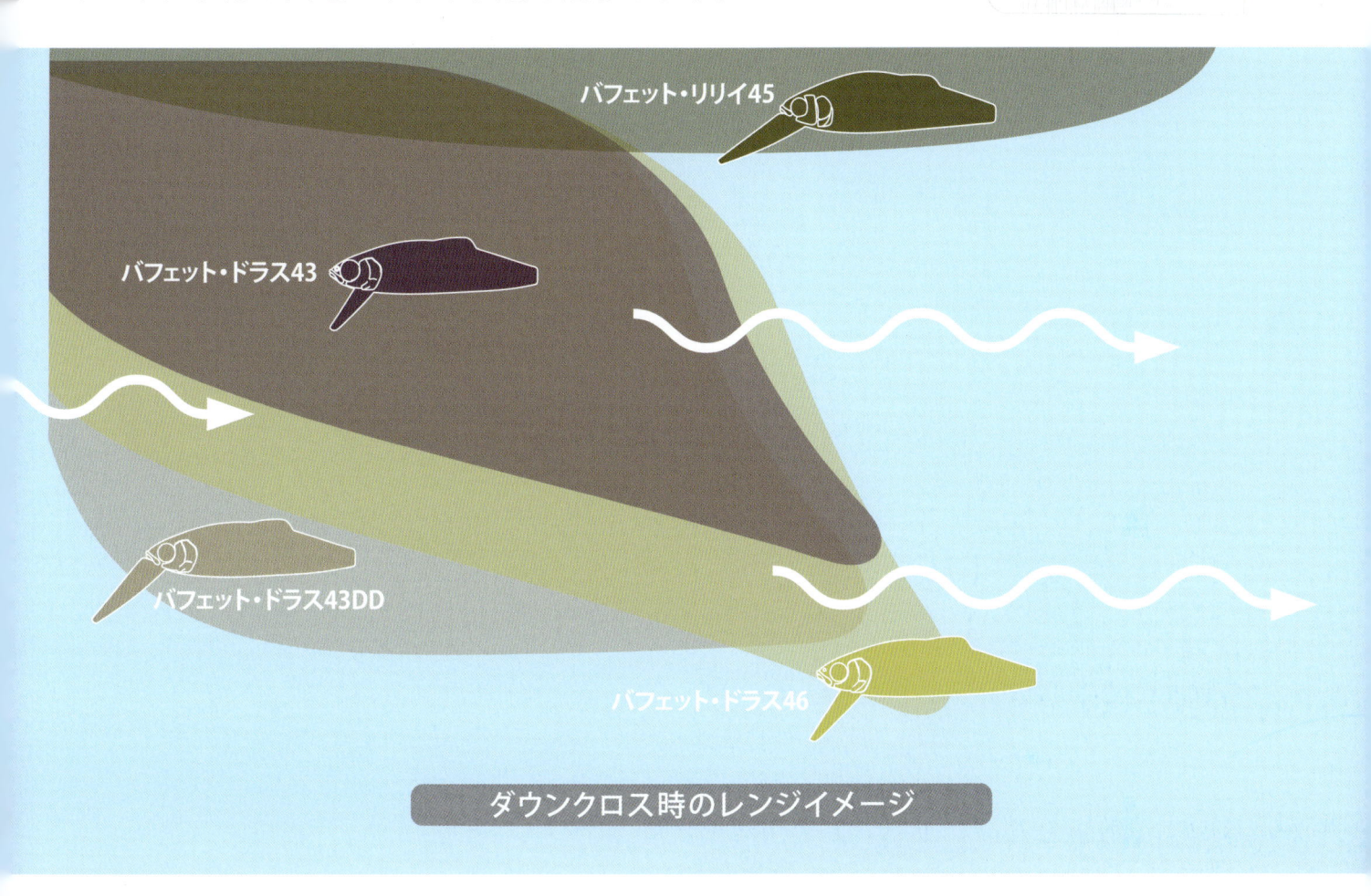

TACKLE HOUSE
TOKYO CREATIVE COMPANY OF ANGLERS

JN323139

バフェット・リリイ45
バフェット・ドラス43
バフェット・ドラス43DD
バフェット・ドラス46

ダウンクロス時のレンジイメージ

Tw Buffet DORAS. バフェット・ドラス43DD
BUDR43drive deep・43mm・5.6g・シンキング・Hook STBL-36BC#16・Ring #1・¥1,600（税別）

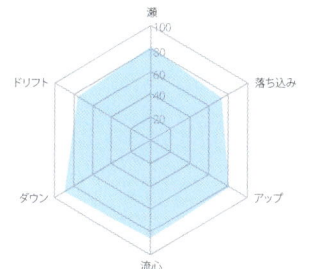

「アップクロスディープミノーイング」のために開発。専用設計リップを搭載し、ウェイト配分を前方に移動。アップクロスでもしっかりと水を捉え狙ったレンジに到達して操作性も良く、ドラス43のポテンシャルはそのままに、軽快なディープミノーイングが可能です。

Tw Buffet DORAS. バフェット・ドラス46
BUDR46・46mm・6g・シンキング・Hook STBL-36BC#14・Ring #1・¥1,600（税別）

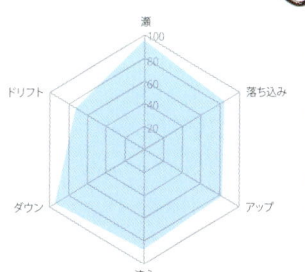

さらに深く。「沈ませる」なら、46mm/6g。43に比べ3割以上のウェイトアップを果たしたものの、長さはわずか3mmのプラス。着水後に一気にディープまで沈ませる必要のある落ち込み攻略にも威力を発揮。比重を考慮した自然なサイズアップが、より厳しい環境にも対応します。

株式会社 タックルハウス
http://www.tacklehouse.co.jp
〒194-0035 東京都町田市忠生1-29-1 TEL.042-793-3029

Abu Garcia

── Revoスピニングリールは新しい次元へ ──

Revo® MGX
（レボ・エムジーエックス） **2016年3月発売**

超軽量・フィネスデザイン

世界中のプロアングラーをうならせる、超軽量フィネスデザインMGXスピニングの登場により、REVO®の伝統を継いで行く。最高のリールのみが求められる場面で、Revo® MGXスピニングリール以外を探す理由は、もはや無い。

Salt Shield / HPCR / AMGearing / COG Computer Optimised Gear design / ONE PIECE X MAG / C6 Carbon / ROCKET Line Management / NIFLOW BAIL / Carbon MATRIX

製品名	自重(g)	ギヤ比	最大ドラグ力	ボール/ローラーベアリング	ラインキャパシティ(m) ナイロン・フロロ / PE	メーカー希望本体価格
Revo MGX 2000S	175	5.2:1	3kg	11/1	0.165(4lb)-100/ PE0.6-100	¥35,500
Revo MGX 2000SH	175	6.2:1	3kg	11/1	0.165(4lb)-100/ PE0.6-100	¥35,500
Revo MGX 2500S	185	5.2:1	5.2kg	11/1	0.205(6lb)-100/ PE0.8-150	¥36,000
Revo MGX 2500SH	185	6.2:1	5.2kg	11/1	0.205(6lb)-100/ PE0.8-150	¥36,000
Revo MGX 3000SH	198	6.2:1	5.2kg	11/1	0.235(8lb)-150/ PE1.2-150	¥37,000

Revo® PRM
（レボ・ピーアールエム） **2016年4月発売**

タフ＆軽量がコンセプト

熟練したアングラーをうならせる、タフ軽量デザイン。Revo®ALXスピニングリールは、最先端素材アルミ製マシンカットギアシステムとユニークなボディデザインにより、超滑らかでタフなギアリングを実現。

Salt Shield / HPCR / AMGearing / COG Computer Optimised Gear design / IM-C6 / X Craftic / C6 Carbon / ROCKET Line Management / NIFLOW BAIL / Carbon MATRIX

製品名	自重(g)	ギヤ比	最大ドラグ力	ボール/ローラーベアリング	ラインキャパシティ(m) ナイロン・フロロ / PE	メーカー希望本体価格
Revo PRM 2000SH	183	6.2:1	3kg	9/1	0.165(4lb)-100/ PE0.6-100	¥28,000
Revo PRM 2500SH	199	6.2:1	5.2kg	9/1	0.205(6lb)-100/ PE0.8-150	¥29,000
Revo PRM 3000SH	209	6.2:1	5.2kg	9/1	0.235(8lb)-150/ PE1.2-150	¥29,000
Revo PRM 4000SH	265	6.2:1	7.7kg	9/1	0.285(12lb)-120/ PE 2-150	¥30,000

ピュア・フィッシング・ジャパン株式会社　〒108-0023 東京都港区芝浦4-9-25 芝浦スクエアビル9F　Tel.03-6858-7008　Fax.03-6858-7009

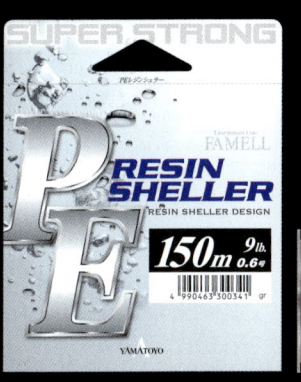

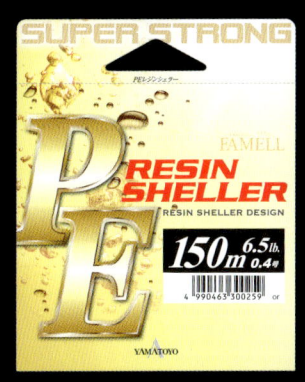

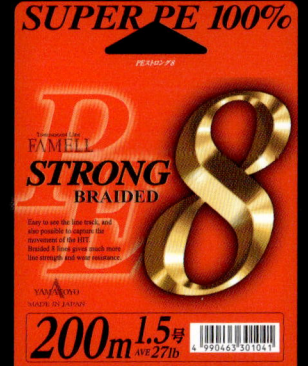

Without inquiring mind the end.

ティップ絡みの低減や、水切れ性能の向上など、より快適な操作性を実現する為に設計されたハードコートPE。特殊樹脂ハードコーティングによりPEの弱点であったコシのなさを解消。また摩擦係数が低く抑えられ、耐摩耗・耐久性にも優れます。

PEレジンシェラー 150m　4本組PE　カラー：グレー／オレンジ

号数	0.4	0.6	0.8	1	1.2	1.5	2	2.5	3	4
LB.	6.5	9	11	14.5	18	22	29	32	39	54

グレー　－　　　　　　　　　　OPEN PRICE

号数	0.4	0.6	0.8	1	1.2	1.5	2	2.5	3	4
LB.	6.5	9	11	14.5	18	22	29	32	39	54

オレンジ　　　　　　　　　　　OPEN PRICE

8ブレイドは、真円に近く滑らかな糸質でPE特有のキャスト時の糸鳴り音やガイド抵抗を低減。ハードコーティング設計により、優れた水切れ性能や快適な操作性を実現します。ナイトゲームでもラインの軌道がよく見えるフラッシュレモンをラインカラーに採用。ラインメンディングが容易で狙ったポイントにルアーをタイトにトレースできます。

PEストロング8　8本組PE　カラー：フラッシュレモン

号数	0.6	0.8	1	1.2	1.5	2	2.5	3	4
LB.(AVE)	12	15	19	23	27	32	40	46	55

150m　　　　　　OPEN PRICE
200m　　　　　　OPEN PRICE

YAMATOYO TEGUSU Co., LTD.　730-2 Kasahara-Cho, Moriyama, Shiga 524-0004, Japan
TEL.077-582-2520　FAX.077-582-4721　http://www.yamatoyo.com

Prologue

2000年前後から、道内各地でさまざまな釣り方が生み出され、今では従来のスタイルと隔世の感があるトラウトルアーの世界。その後も進化を続け、PEラインが主流になり、それに対応するタックルが定番化したほか、渓流シーンではベイトフィネスが脚光を浴びるなど、年を追うごとに新しいムーブメントが巻き起こっている。

そんななか、独自の進化を遂げているのが"トラウト王国"と称される北海道。その背景にあるのは、北海道ならではの環境だ。川を見ると春はサケ稚魚、夏は陸生昆虫、秋～冬は遡上してきたサケの卵が釣果のカギを握り、時期になるとドジョウやカジカ、ザリガニなどが捕食され、本州のトラウトフィッシングとは一線を画す。

NORTH LURE STYLE
トラウト王国から提案する

また、メインターゲットも北海道と本州では異なる。産卵期を除いてシーズンを通じてねらえることから、昔も今も人気が高いのは野生化したニジマスと、海と川を行き来する在来種アメマス。どちらも、80cmクラスまで育つサイズが魅力で、全国のトラウトアングラーを魅了して止まない。そして、北海道広しといえど、ニジマスとアメマスの魚影が多いのは、何といっても道東。なかでも、十勝エリアのニジマス、根釧エリアのアメマスは、トラウト王国が世界に誇る二大ブランドである。

そこで本書は、十勝と根釧エリアを主な舞台に、見目麗しいニジマスとアメマスの写真をふんだんに交えながら、釧路市の佐々木大さんが北海道独自の最新タクティクスを解説。これからトラウトルアーの扉を開ける入門者にも分かりやすい内容をめざした。トラウトルアーのムーブメント発信地と思っている、北の大地から提案する"North Lure Angler's Style"は、道民アングラーはもちろん、北海道遠征を楽しみにしている道外アングラーにとっても参考になるはず。（編集部）

5フィート11インチのロッドをバットから曲げた老獪なニジマス。夏の北海道を象徴する、最高のファイター（写真上）
すべてが凍てつく冬でも、低水温に強いアメマスが相手になってくれる。ただ、スレると一筋縄ではいかない（写真下）

ANGLER'S

スミス・オリジナルの報告

筋肉質のウルトラライトロッド。

UL.FLASH MAGICAL TROUT
マジカルトラウト UL フラッシュ

マジカルトラウトULフラッシュは滑らかなベンディングカーブを描くバランスに優れたロッド。ブランクの外側と内側に復元力の高いカーボングラファイトを巻くことでねじれを減らし、反発力を高めた。結果、復元の速度がより速くなり、手首の返しだけで狙ったポイントに正確かつ低弾道でルアーを送り込める。リールシート部にはナチュラルウッドを採用、ガイド設計はKガイド スミスオリジナルセッティング。

滑らかなベンディングカーブを描く3ピースモデル！
3pc Spinning model

5' MT-S50ULM/3
- Lure WT.: 1～5g ● Line: 1～4lb.
- Wt.: 70g ● Power: UL.Medium ● Action: Moderate
- Pack Length: 54.5cm ● Top Dia.: 1.5㎜ ● Butt Dia.: 5.9㎜
- Grip Length: 20cm ● Sec.: 3 ● Price: ¥27,000＋税

【対象フィールド：源流・小渓流域】

5'6" MT-S56ULM/3
- Lure WT.: 1～5g ● Line: 1～4lb.
- Wt.: 73g ● Power: UL.Medium ● Action: Moderate
- Pack Length: 59.5cm ● Top Dia.: 1.5㎜ ● Butt Dia.: 6.1㎜
- Grip Length: 21cm ● Sec.: 3 ● Price: ¥28,000＋税

【対象フィールド：渓流域・管理釣り場】

6' MT-S60ULM/3
- Lure WT.: 1～5g ● Line: 1～4lb.
- Wt.: 79g ● Power: UL.Medium ● Action: Moderate Slow
- Pack Length: 64.5cm ● Top Dia.: 1.5㎜ ● Butt Dia.: 6.3㎜
- Grip Length: 23cm ● Sec.: 3 ● Price: ¥29,000＋税

【対象フィールド：渓流域・管理釣り場・小規模河川】

機動性抜群！携行に優れたテレスコピックモデルが新登場！
6pc Telescopic model

5' MT-TES50ULM New!
- Lure WT.: 1～5g ● Line: 1～4lb.
- Wt.: 66g ● Power: UL. Medium ● Action: Moderate
- Pack Length: 38cm ● Top Dia.: 1.1㎜ ● Butt Dia.: 9㎜
- Grip Length: 20cm ● Sec.: Telescopic 6 ● Price: ¥29,000＋税

【対象フィールド：源流・小渓流域】

5'5" MT-TES55ULM New!
- Lure WT.: 1～5g ● Line: 1～4lb.
- Wt.: 70g ● Power: UL. Medium ● Action: Moderate
- Pack Length: 39cm ● Top Dia.: 1.1㎜ ● Butt Dia.: 9.2㎜
- Grip Length: 21cm ● Sec.: Telescopic 6 ● Price: ¥30,000＋税

【対象フィールド：渓流域・管理釣り場】

ロッドを衝撃から守る専用ハードケース付属。

このマークは全国釣竿公正取引協議会が釣竿の公正な表示を保証するものです。
SMITHは全国釣竿公正取引協議会の会員です。

SMITH LTD.
マジカルトラウト UL フラッシュの詳しい情報はスミスホームページをご覧ください。　http://www.smith.jp

本社〒154-0011 東京都世田谷区上馬4-23-1　TEL.03 (3412) 0075　FAX.03 (5433) 3986　大阪支店〒533-0033 大阪府大阪市淀川区東中島1-17-18 新大阪ビル東館　TEL.06 (6323) 9132　FAX.06 (6323) 9138

トラウトルアー北海道
Trout Lure Fishing in Hokkaido

川と湖で、素晴らしい鱒を釣る！

North Angler's COLLECTION
Cover Design by Tokuji Ozawa

CONTENTS

- 006 Prologue　North Lure Angler's Style

- 011 特性をフルに引き出す
ルアータイプ別メソッド
- 012 Type_01 **ミノー**　だから、ヘビシンは万能選手！
- 020 Type_02 **スモールミノー**　もっと小さいサイズがハマる！
- 024 Type_03 **トップウオータープラグ**　夏渓流のパイロットルアー
- 030 Type_04 **フローティング・ディープミノー**　痒いところに手が届くFD
- 034 Type_05 **シンキング・ディープミノー**　SDでナチュラルに食わせる
- 036 Type_06 **スピナー**　ニュータイプも使いこなそう
- 038 Type_07 **スプーン①**　ムズかしいからオモしろい！
- 046 Type_08 **スプーン②**　スライド・への字・スリム系
- 048 Type_09 **マイクロスプーン**　食いが渋いときはコレ！
- 050 Type_10 **クランクベイト**　アピール力と集魚力は抜群
- 052 Type_11 **ジグ**　まずは着底を意識して使う
- 056 Type_12 **バイブレーション**　引いてよし、リフトしてよし！
- 060 Type_13 **ジョイントミノー**　動きはまさに、ドジョウそのもの
- 064 Type_14 **ビッグミノー**　ビッグ＆ロングサイズの威力
- 066 Type_15 **エッグパターン**　サケ遡る川では必携
- 072 Type_16 **サケ稚魚パターン**　小さい春、みーつけた！
- 076 Type_17 **ワカサギパターン**　基本は似せる、時にズラす
- 080 Type_18 **デッドベイト**　ルアー版ドライワカサギ
- 082 Type_19 **スイッシャー**　ワカサギ似が豊富なのも魅力
- 092 各社のイチオシをピックアップ
トラウトコレクション73

- 019 STEP UP LESSON_01　**アプローチ＆テクニック**
- 063 STEP UP LESSON_02　**オーバーヘッドキャスト**
- 071 STEP UP LESSON_03　**サイドハンドキャスト**
- 075 STEP UP LESSON_04　**フリップキャスト**
- 084 ダークとチャート系を使い分ける
- 086 Field_01 **渓流**
- 088 Field_02 **本流＆湿原**
- 090 Field_03 **湖沼**
- 091 STEP UP LESSON_05　**ファイト＆リリース**

- 101 より快適に、より深く
タックルとスタイルを考える
- 102 重要3種の選び方
- 106 ベイトフィネスは活きる！
- 109 足回りのセッティング
- 114 用意すべきアイテム
- 116 FGノット
- 119 電車結び
- 120 パロマーノット
- 122 小〜中型ミノーのシングル化
- 128 シングルフック適合表

- 130 Epilogue　足で稼ぐ

STAFF
Editor in Chief　平澤裕樹
Writer & Photographer　佐々木大
Editor & Advertisement　山澤彰宏
Assistant　伊藤まき
Art Director　小澤篤司
Designer　松山千穂
Photographer　齋藤義典
Editorial Supervisor　若杉 隆

www.bux.jp

BUX
BEAUTIFUL IN GLAMOUR

ルアータイプ別メソッド

特性をフルに引き出す

トラウトフィールドを遊び尽くすためのルアーをタイプ別に詳しく紹介。そのルアーが活きるシチュエーションやポイント、そして特性をフルに引き出せるシーンを知っておこう。また、ぜひ習得したいキャスティングやロッドアクション、さらにフィールド別にポイントの見方とねらい方も解説する。

Type_01	ミノー
Type_02	スモールミノー
Type_03	トップウォータープラグ
Type_04	フローティング・ディープミノー
Type_05	シンキング・ディープミノー
Type_06	スピナー
Type_07	スプーン①
Type_08	スプーン②
Type_09	マイクロスプーン
Type_10	クランクベイト
Type_11	ジグ
Type_12	バイブレーション
Type_13	ジョイントミノー
Type_14	ビッグミノー
Type_15	エッグパターン
Type_16	サケ稚魚パターン
Type_17	ワカサギパターン
Type_18	デッドベイト
Type_19	スイッシャー

Minnow ミノー

- ◆シーズン 春夏秋冬
- ◆フィールド 渓流 本流 湿原 湖沼
- ◆難易度 ★★

そのタイプと近年の主流
だから、ヘビシンは万能選手！

トラウトシーンで一番人気のミノーにはどんなタイプがあるのか、それをどう使い分けるのか。そして近年、主流になっているタイプは？ 効果的な使い方を含め、気になる部分を詳解。

ミノーで釣りたい！

一口にルアーといっても、その種類は膨大で近年は電化製品に負けないくらい新製品がリリースされている。これからトラウトルアーを始めたい人は、ショップに行くとルアーの種類が多すぎて、どれを買えばいいか迷ってしまうかもしれない。

そんな数多いタイプのルアーのなかで、最も売り場スペースを占拠しているのがミノーだ。それなりにやり込んでいるアングラーに「何のルアーで釣りたいですか？」と尋ねると、「ミノー！」と答える人がダントツに多い。その理由を聞くと、次のような答えが返ってくる。「"釣れた"ではなく、"釣った"という気がする」、「ステータスを感じる」、「スプーンやスピナーよりも軽く、たくさん持って行っても重くならないのがいい」、「ライントラブルが少ない」など。

私もミノーで釣りたい派。ミノーの使用頻度が特に高い、河川用のルアーケースの8割以上をミノーが占めている。ミノーを好んで使うのは「1000円以上するルアーを根掛かりしそうなポイントに投げ続けるハラハラ感がたまらない」、「カラーバリエーションが豊富で見ているだけでも楽しい」、「収集癖があるので、購入時の満足度が高い」という理由からだ。

湿原や本流のアメマスねらいでも、ヘビーシンキングミノーはオールマイティーに使える。その場合、80mm前後のサイズがマッチする。フィールドハンター『ロージーゾーン80SS』でヒット

Type_01 MINNOW

トラウト用ヘビーシンキングミノーの旗手、スミス『D-コンタクト』はカラーバリエーションの豊富さも魅力（上）タックルハウスのヘビーシンキングミノー、『バフェットミュート50』でキャッチした美しい秋のニジマス（下）

沈むタイプが人気

ミノーの種類は主に、リールを巻かない状態で水面に浮くフローティング、自らの重さで沈んでいくシンキング、水面下を漂うサスペンドの3タイプに分けられる。「巻けば潜るから、ほとんどのミノーがシンキング？」と思っている人もいるようだが、それは間違い。ただ、最近はルアーのパッケージにフローティング、サスペンド、シンキングといったタイプ表記がないものもあり、混乱するのは無理もないかもしれない。

現在、河川でミノーをキャストしている人のほとんどが、シンキングタイプをメインに使っている。このシンキングミノーこそ、トラウトルアーで最も種類が多く、さまざまなサイズとタイプが存在する。そして、シンキングミノーのなかでも、比重によっていくつかの種類に分けられる。

1つめは一般的なシンキングミノーで、シンキングまたはスローシンキングタイプを指すことが多い。2つめはヘビーシンキング（ヘビシンとも呼ばれる）やスーパーシンキング（スパシンとも呼ばれる）、ファーストシンキングやエクストラヘビーシンキングと

ミノーのタイプ

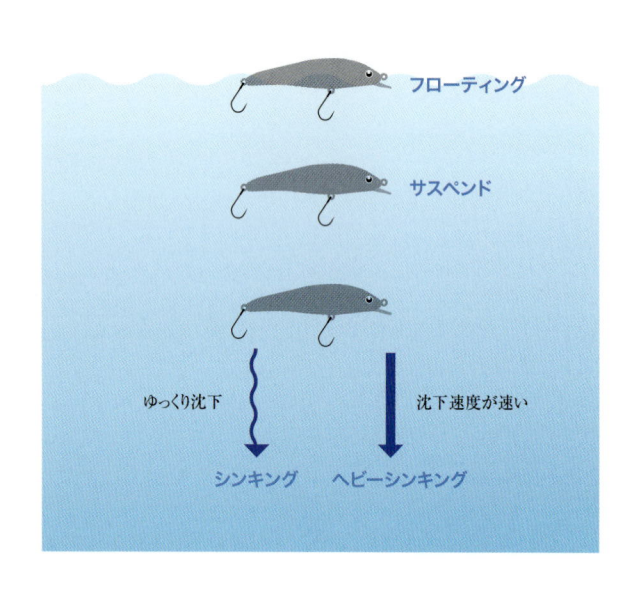

フローティング
サスペンド
ゆっくり沈下 シンキング
沈下速度が速い ヘビーシンキング

各ルアーの特徴と底層キープエリアのイメージ

シンキングミノー

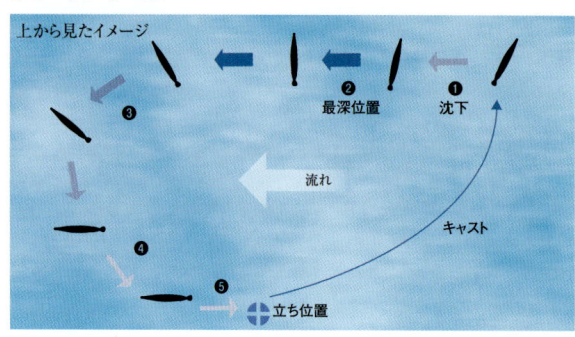

上から見たイメージ
①沈下 ②最深位置 ③ ④ ⑤立ち位置
流れ
キャスト

横から見たイメージ

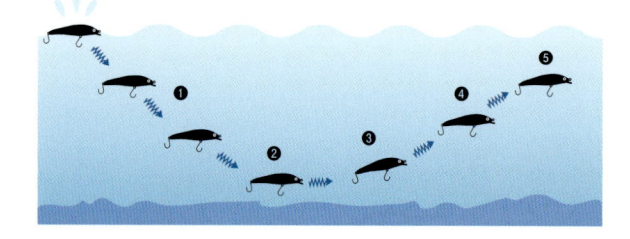

> このポイントで魚が付いているのは、流芯の向こう側の巻き返し。こんなピンスポットを攻略できるのがヘビーシンキングミノーの持ち味。20ｇ前後のウエイトがあれば、対岸まで30〜40mのポイントはカバーできる

Type_01 ミノー MINNOW

メーカーがうたう、一般的なシンキングよりも比重が高いタイプ。近年は後者のカテゴリーの人気が高い。

ただ、シンキングとヘビーシンキングの分類が曖昧なものもあり、分かりにくいと感じている人もいるだろう。これからさらに細分化が進み、スーパースローシンキングやミディアムスローシンキング、ミディアムファーストシンキングなど、呼び方の異なるミノーが発売されないともいいきれない。ボクシングや柔道の階級のように、重さや沈下速度で呼び方を統一してくれるといいのだが……。

流れの緩い場所に向く

【シンキング】

数あるシンキングミノーのなかで、古くから知られるものにラパラ・ジャパンの『CD』シリーズがある。CDは"カウントダウン"の略で、数を数えながら沈めて泳層を調節できるのがネーミングの由来らしい。ルアーフィッシング草創期からミノーを使っているアングラーの場合、シンキングミノーはカウントダウンミノーと呼ぶほうがしっくりくる人もいるようだ。

サイズや比重にもよるが、一般的なシンキングミノーは止水で秒速15

浅 → → → → 深
矢印は水深イメージ。5段階で表示。太くなるほど深い

ディープミノー

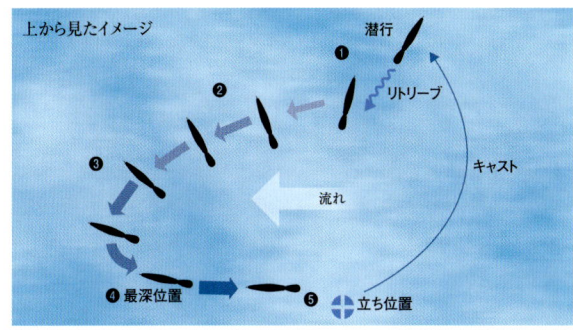

スプーン

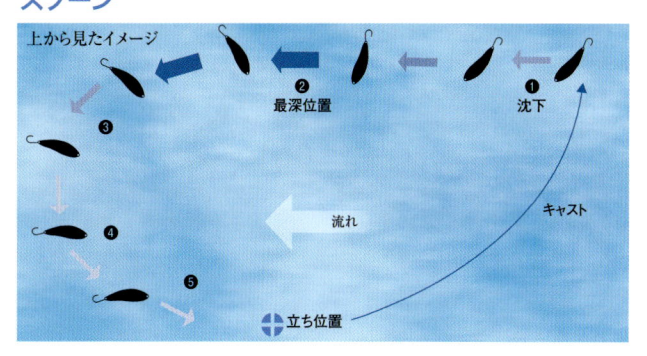

バイブレーション

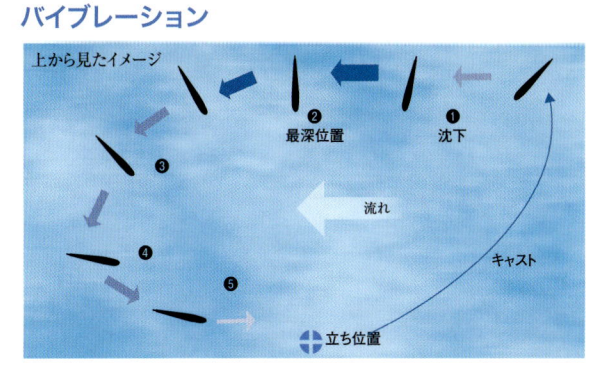

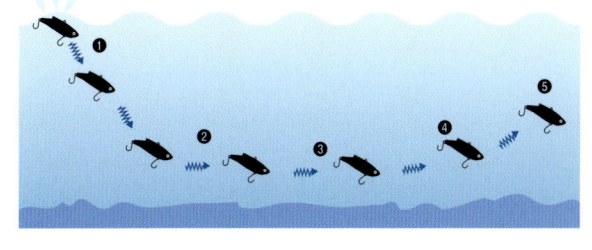

ジグ

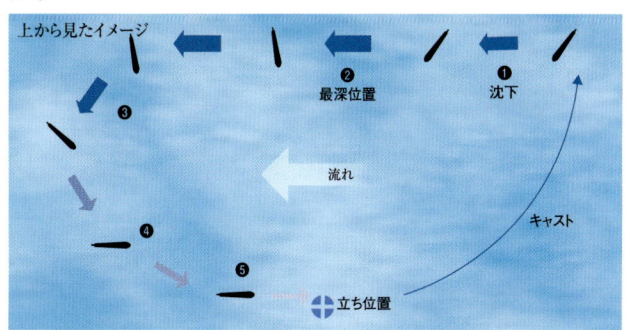

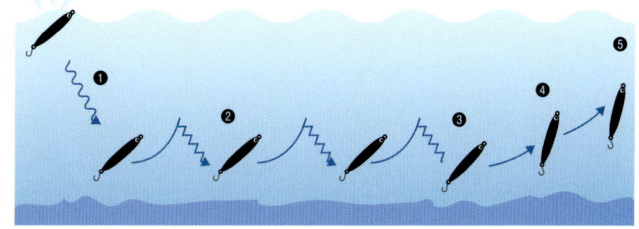

015

〜20cmで沈下するものが多く（流れの中ではやや沈下速度が遅くなる）、2m以下の水深が最もストレスなく探れるシチュエーションといえるだろう。また、着水後すぐにリールを巻き始めれば表層付近を泳ぎ、着底後にリールを巻けば底周辺を泳いでくるため、初めて行く釣り場やその日の魚の泳層を調べるのにうってつけのタイプ。たとえば、10秒で着底したとすれば、5秒で中層付近を泳がせられ、自分のルアーがどの水深を泳いでいるのか把握しやすい。

変化の乏しい河口域や湖では、あまり動かずに同じ立ち位置でルアーの泳層を変えながら探るのが常。そんな場面でシンキングミノーは頼りになる。ただ、ゆっくりとした速度で沈んでいくため、水深が深く速い流れの中では着底させるのが難しい。また、流れに揉まれて沈んでいる層を把握しにくい。

着底が分かりやすい

【ヘビーシンキング】

ヘビーシンキングミノーは元々、ソルト用として発売されたのが始まり。トラウト用としてリリースされたのは、スミスの『D-コンタクト』が先駆けだろう。このルアーの登場以後、全国的にトラウトシーンでヘビーシンキングミノーが大ブレイクした。

ヘビーシンキングミノーは同サイズでも、各メーカーで重さにバラツキがあり、秒速どれくらいで沈むか一概にはいえない。ただ、止水においてはシンキングミノーの倍以上の速度で沈んでいくものがほとんど。そのため、着底時の感覚が誰でも分かりやすい。その特性が活きるのは、底付近を重点的に探りたいとき、流れが速く複雑なとき、ポイントが狭くルアーを沈ませる助走距離が取りにくいシチュエーションだ。

流れの中では、アングラーの想像以上に着底まで時間を要し、「ここで沈ませたい」と思う場所にルアーを届けるのが意外に難しい。その点、ヘビーシンキングミノーは意図した場所に着底させるのが比較的に容易。魚の潜んでいる場所さえ把握できていれば、あまりルアーを追わない低活性時でもヒット率が高い。私もヘビーシンキングミノーを使用するようになって格段に釣果が上がり、ボウズで帰宅する日はかなり少なくなった。ということは、以前は意図した場所、あるいは底付近にルアーがちゃんと届いていなかったのかもしれない。

ただ、ヘビーシンキングミノーは沈下速度に特化したものが主流で、リトリーブ速度がスローだとアクションはおとなしめ（ルアーによっては泳いでいないように見えるかもしれない）。そのため、ロッドアクションを加えて持ち味が活きるものが多い。難点は、着底が容易である分、底と接地している時間が長く、根掛かりの頻度がとても高いこと。使い方しだいでは財布にやさしくない。

進化するヘビシン

ところで、着底が容易なのはヘビーシンキングミノーだけではない。メタル素材で作られたジグやスプーン、さらにリールを巻けば潜っていくディープタイプも比較的に底をとりやすいタイプ。また、バイブレーションも底に届けやすい。

しかし、スプーンだとヒラヒラとフォールし、テンションを掛けると浮き上がり、自分の思ったところに沈めるのがけっこう難しい。ディープミノーだと潜らせるまでに助走距離を必要とするため、対岸ギリギリのポイントは攻略できない。ジグはアクションを加えると移動距離が長いのがネック。

そんななか、多くのアングラーがヘビーシンキングミノーを片腕にするのは、移動距離の少ないアピールがで

ロッドアクション＆ファーストリトリーブ向きの一本

タックルハウス『フリッツ24』（80mm24g）。このタイプに属するなかではボディーが若干ぽっちゃり系とはいえ、ウエイトは1オンス近いヘビークラスだ

タダ巻き＆ミディアムリトリーブ向きの一本

フィールドハンター『ロージーゾーン80SS』（80mm13g）は、このタイプに多い扁平ボディー。『フリッツ24』（80mm24g）と同サイズながら、ウエイトは11gも軽い

魚がそれほどスレてなく、ニジマスのルアーフィッシングが最も楽しい7月に釣った56cm。このサイズに出会えれば、いうことなし

きるからだ。それが可能なのはリップのおかげで、対岸ギリギリのポイントも攻略しやすい。

私が初めて使ったヘビーシンキングミノーは、ジャクソン『ピンテール20』（70mm20ｇ）。今から10数年前のこと。ファーストリトリーブでの使用を前提に開発された青もの用のルアーだが、ヘビーシンキングミノーは当時、これくらいしかなかった。当初、スロー～ミディアムリトリーブでねらうと泳がなくて驚いたが、それでも底をとることを意識するだけで釣果に結びついたのをよく覚えている。ミノーでも底をとることの大切さを教えてくれた。それまで、底をとって使っていたのはスプーンとジグだけだったが、ヘビーシンキングミノーという選択肢が増えたことで釣りの幅は大きく広がった。

そうしてヘビーシンキングミノーのバリエーションが増えた近年、その使い分けが求められている。

2タイプの見分け方とハマる状況

ヘビーシンキングミノーはおおまかに、【ロッドアクション＆ファーストリトリーブ向き】と、【タダ巻き＆ミディアムリトリーブ向き】の2タイプに分けられる。

リトリーブスピードを上げないと泳がない前者は、沈みの速いものが多く、特に底をとりやすい。魚がここに付いていると分かっているときや増水時に適している。このタイプはボディー形状が細めのものが多く、太くても内部の空気室が少ないのだろう。ロッドアクションを積極的に加えて持ち味が活きる。

ミディアムリトリーブでも泳ぐ後者は自重が軽めか、おおむねボディーが太め（体高がある）。それだけボディー内に空気室が多く設けられているのだろう。初めての釣り場で広範囲をテンポよく探りたいときのサーチルアーとして適している。また、リトリーブスピードを上げなくてもヒットに持ち込みやすいことから、魚の活性が低い状況でも有効だ。リフト＆フォールなど、縦の釣りが苦手な人でも使いやすい。

さらに、リップの角度でも泳ぎや操作性は変わってくる。基本的に立ち気味に付いていると水の抵抗を受けやすく、動きだしが速いものが多い。ただ、引き抵抗は大きくなる。また、リップが大きいタイプも同じように抵抗が大きくなり、沈下スピードは遅めだ。

つまり、操作して釣りたいなら【ロッドアクション＆ファーストリトリーブ向き】、泳ぎを重視するなら【タダ巻き＆ミディアムリトリーブ向き】を選ぶといいだろう。

硬めのロッドを選ぼう

フィールドの規模や魚のサイズにより、適したタックルは異なるものの、メリハリのあるロッドアクションを加えるヘビーシンキングミノーの使用頻度が高ければ、軟らかめのロッドは向いていない。ロッドが軟らかいとミノーにトリッキーな動きを与えにくく、かつ底をとった感触も伝わりにくく根掛かりの頻度が高くなるからだ。

とはいえ、最近のトラウトロッドは管理釣り場用以外、ヘビーシンキングミノーの操作性を重視したものが多く、硬めのロッドが主流になっている。軟らかめのロッドのほうが珍しいくらいなので、よほど特殊なロッドを選ばない限り、ヘビーシンキングミノーの操作には影響しないはず。

リフト＆フォールの操作

ロッドアクションを加える場合、基本操作はリフト＆フォール。ただし、あまり大きなリフトだと底からミノーが離れすぎてしまう。そこで、腕全体ではなく、手首のみのリフト（ワカサギやチカ釣りのシャクリに近い小刻みな感じ）を心掛けると、魚が捕食しやすいだろう。水深のある本流域なら、ロッドの振り幅は大きくてもこれくらいだ

STEP UP LESSON 01

Approach & Technique
アプローチ&テクニック

ここでは、トラウトルアーフィッシングにおけるキャスト位置とアプローチ、そして本書で出てくる主要なテクニックについて解説。どんな場面でどんなアプローチとテクニックが適しているかは、『ルアータイプ別メソッド』の項を参考にしていただきたい。

アプローチの名称
流れに対してキャストする向きが真っすぐ上流ならアップ、斜め上流はアップクロス、真横はクロス、斜め下流はダウンクロス、真っすぐ下流はダウンストリームキャストと呼ぶ

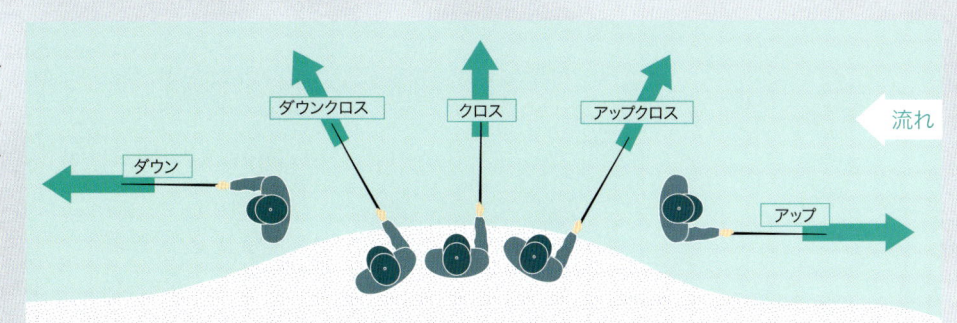

テクニックの名称
ルアーにロッドアクションを加えて誘うテクニックにトゥイッチング、ジャーキング、シェイキングの3つがある。特にミノーを使う場合に多用する。これらは必ず習得したい

【トゥイッチング】
手首のスナップを利かせてロッドティップを鋭く弾く
上下左右に踊るようにルアーが動く

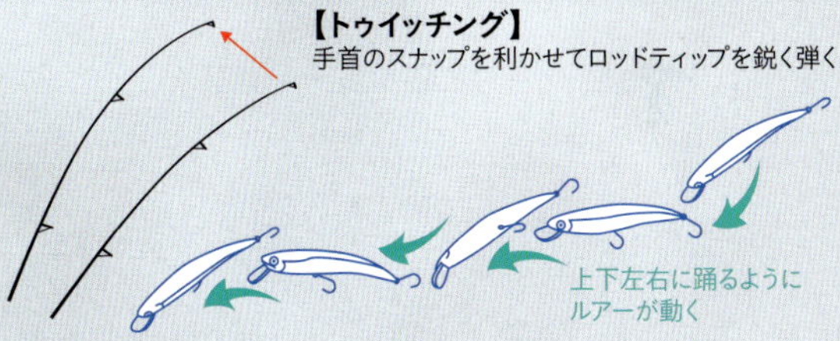

【シェイキング】
トゥイッチングよりもロッドティップの振り幅が小さく、ルアーを震わせるように動かす
フラフラと細かく動く

【ジャーキング】
ロッド全体を使って大きくシャクる
ルアーの移動距離は大きいが規則的に動く

Twitching & Shaking
トゥイッチングとシェイキングの動作は微妙に違うだけ。いずれにしても、リズミカルに行ないたい

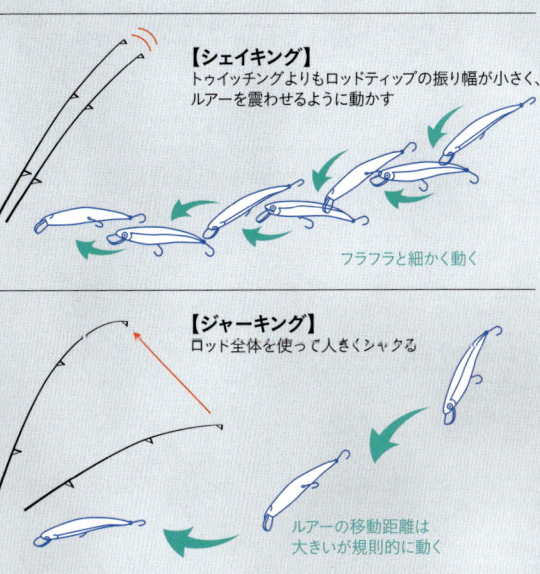

Jarking
ジャーキングは上方向(縦)だけでなく、写真のように横方向(左右)にロッドをシャクってもいい

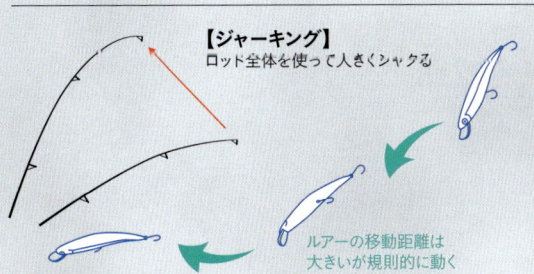

Stalking
忍び寄ることを意味するストーキングは、釣りの世界では魚に警戒されないようにポイントにアプローチすることを示す。昨今のフィッシングプレッシャーが高い状況下、釣果を左右する大きな要素のひとつ。水の透明度が高いフィールドや水深の浅いポイントでは、距離感を意識したい。写真のシチュエーションでは、いきなり水に入るのはNG。これくらいは水辺から離れたい。そして、近づくときは、なるべく足音を立てないように。人によってはこれでも近すぎるというかもしれないが、自分が確実にキャストコントロールできる位置を考えたい。また、人の気配を感じさせないよう、身を屈めたり座ったりするのも、しないよりはマシだろう

Small Minnow
スモールミノー

◆シーズン 春◎ 夏◎ 秋◎ 冬
◆フィールド 渓流◎ 本流◎ 湿原◎ 湖沼△
◆難易度 ★☆☆☆☆

渇水で魚がスレていたら……
もっと小さいサイズがハマる！

ここ数年、メーカー各社から出ている50mm以下のミノーは、道内のトラウトアングラーにとってちょっと小さく感じるかもしれない。だが、それほど魚食性の高くないターゲットをねらうときや、水位の低下が目立つ近年の流れを見ると、小さいミノーが有効な場面はけっこう多い。

小さい虫だと厄介

近年、北海道の夏は、以前に比べると暑い日が増えている。そうすると渇水に悩む川が大半かと思いきや、局地的なゲリラ豪雨に見舞われて泥濁りの川も見られる。夏は水位変動と高水温が釣りを難しくさせ、釣り場に行ってみないと状況が分からないことがしばしばだ。

そんな条件下、釣りあげた渓流魚の胃の内容物を見てみると、エッサホイサと小さな昆虫類を中心に捕食を繰り返しているようだ。小さな昆虫類が食われているとフライフィッシャーは釣りやすくても、ルアーアングラーにとっては厳しい。特に、ルアーで模すのが難しいサイズの虫を食っているときは厄介だ。1cmに満たない昆虫

ここ数年、極端な増水と渇水を繰り返す北海道の渓流。後者の条件では魚の警戒心が強いと思われ、ミノーのサイズは小さいほうがハマる傾向がある

夏のある日、ニジマスの胃の中は、水生昆虫の幼虫がほとんどを占めていた。大きいルアーだと分が悪そうだ

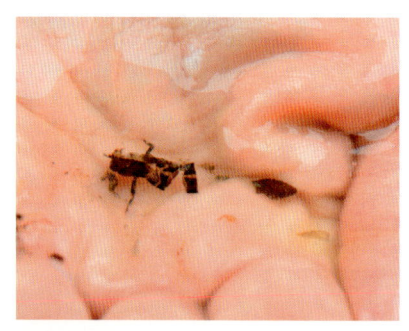

にライズする大型魚を前に手も足も出ない……。私も幾度となくそんな場面に遭遇している。

釣りに行った翌日はルアーを無視し続けた魚が気になってしょうがなく、「もっと上流にキャストすればよかったのか」、「小さなルアーでそっとねらえば釣れたかもしれない」などと考えているうち、次の休日が待ちきれず「ズル休みしちゃおうか……」という思いが脳裏を駆け巡る。今のところズル休みは未遂に終わっている（笑）。

Type_02
SMALL MINNOW

40mm台が急増中

「渓流で使用頻度が高いミノーのサイズは？」と尋ねると、50〜60mmと答える人が圧倒的に多い。「それ以下は使わないのですか？」と聞くと、「何個かボックスには入っているけど、飛ばしやすいサイズ＆ウエイトのミノーに手が伸びる」という人がほとんど。どうも小さいミノーは飛ばないイメージが強いらしい。

そんななか、50mm以下を積極的に用いるアングラーは「最近、40mm台が増えていますよね？ ヘビーウエイトタイプも多く、意外にキャストしやすい。50mmで食わないときや、虫を食っている魚に効く気がする」と言う。じつは私も近年、渓流で50mm以下の出番が増えている。魚の食いが渋いとき、追ってくるのに食わないときに有効な選択肢のひとつだと感じている。

釣れる魚も小さい？

ルアーアングラーのなかには「デカイルアーを使えば、デカイ魚が釣れる」と言う人もいる。その理由を聞くと「小さいルアーを使うと、先に小さいサイズが食う傾向にあるから」と。確かに季節や魚種により、その考えが当てはまることはあるだろう。しかし、魚種や川の規模、そのときに捕食されているであろうエサの大きさによっては、デカイミノーだと全く通用しない場面はしばしば。"デカイミノー＝大型魚"は、必ずしも絶対的な法則ではないと思う。

渓流域のニジマスに関しては、北海道に生息するほかのトラウトと比較すると魚食性が低いと思われる。特に夏場は、冒頭に書いたように小さな虫を好んで捕食しているようだ。そのため、ライズを繰り返していてもルアーは無視されることが多いのだ。

では、夏のニジマスに有効なルアーはないのだろうか？ えっ、スピナーとスプーンが鉄板？ でも、ミノーで釣りたい？ はたして、小さいミノーは魚にとって存在感が薄いのか、本当に小さい魚しか釣れないのか？

捕食物は小型が中心

7月上旬のある日。どんよりとした曇り空のなか、どの地域にもありそうな中規模の渓流で小型ミノーを試してみた。前日の天気予報は雨。「途中から濁りが入ってくるのでは？」と心配しながらの釣りになった。橋から川を眺めると、やや渇水気味。それでも、食いが渋くなるほどのひどい渇水ではないだろう。濁りも入っておらずひと安心。

まずは状況を探るべく、やや大きい60mm以上のミノーでスタート。すぐに追いがあって魚影は多そうだ。その後、何度もミノーの背後をウロチョロする魚影が見られるが、ヒットにはいたらない。30分ほどやって20cm前後が2尾。あれだけ追いがあるなら、もう少し頻繁にヒットさせたい。

そこで、60mmから50mmクラスにミノーのサイズを落とすと、さらに追いが増えて小さいながらも釣れるようになってきた。数尾にストマックポンプを入れてみると、どの魚もカワゲラ、トビケラ、カゲロウ類の幼虫が目立つ。やはり、捕食しているのは小さなものばかり。

サイズが小さくても、通常のミノーとメソッドは変わらない。シンキングタイプならトゥイッチングやシェイキング、もしくはタダ巻きでOK

フィールドハンター『ロージー ミディアムディープ40S』が、この日の最大魚を導いてくれた。ところで、40mmサイズにシングルを2本装着すると、前後のフックが絡みやすい。そこで、ボディーにフックを付けず、代わりにガン玉をぶら下げてみよう。このチューンだとバランスを崩しにくい

D-3カスタムルアーズ『ダリア45SS』でキャッチ。北海道唯一のインジェクションルアーメーカーが、最初に出したミノーサイズが45mm。このクラスが必要なことを物語る

ここで50mm以下のミノーに替えてみると、小さいながらもニジマスが次々にヒット。サイズは15〜25cmでも、常にロッドを曲げていたい私には正しい選択といえる。ここまでだと「やっぱり、小さいミノーは小さい魚ばかり釣れる」と思われるだろう。が、何の変哲もない砂地のトロ場で45mmのミノーを上流にキャストし、強弱をつけながら巻いていると良型がヒット。何度か高いジャンプを披露してくれたのは38cmのオス。このサイズならスリリングなやり取りを楽しめる。その後も20〜30cmのニジマスが何度もロッドを絞る。

対岸の草木が川に垂れ下がった「いかにも」というポイントにたどり着いた。上流にキャストして草木の真下にできた陰の中に通し、巻きの強弱だけでミノーを動かすと、木の下から黒い砲弾型の魚がぶっ飛んできて目の前でルアーをひったくる。色形まではっきりと見えた。間違いなくオスの50cmアップ。フッキングするなり下流に勢いよく走り、止まっては頭を振って抵抗する。ラインはナイロン8ポンド。切れる心配はないが、バラシの天才である私だけに最後まで気が抜けない。浅場に誘導しようか、弱ったところを立ち込んでネットインしようか迷う。と、少々疲れたようなので浅場に誘導。すると、もうひと暴れされ、ポロっとルアーが外れてしまった……。

約1.5倍の釣果！

バラしたのにあきらめの悪い私は、同じポイントにルアーをキャストしてリトリーブを開始。すると、先ほどと同じように50クラスがミノーをおそった。釣れるはずがないと思っていたので隙をつかれた感じ。とっさにフッキングがあまいと判断し、強く追いアワセを入れる。追いアワセでバラすこともあるが、そうなったら掛かりどころが悪かったと思うしかない。

同じ過ちを犯さぬよう、今度は浅場に誘導せず、顔が水面に出たところでネットイン。体高のあるメスで48cm。ファイト中、前にバラした魚はかなり大きく見えただけにくやまれたが、良型が同じ場所から出てきたことに驚きとうれしさでいっぱいだった。その後も40オーバーを数尾キャッチ。小さいサイズを含めると25尾は釣った。この尾数が多いか少ないかは個人差があるだろうが、この川における私の平均尾数の1.5倍ほどの釣果だ。

この日はたまたま良型が出たのかもしれないが、ルアーが小さくても釣れる魚のサイズは比例しないといっていい。むしろ釣れる魚の数が増え、その過程で良型も混じったと感じる。また、魚がその日食べているであろうサイズに少しでも近づけたことで、違和感なくルアーを捕食したのかもしれない。それを調べるべく、私はフライフィッシング以外の釣りでもストマックポンプを持ち歩いている。

ちなみに、多用したサイズは40mm前後。実際に食べている虫の大きさに近づけるのと、飛距離を両立させるには限界がある。でも、できるだけ近づけたほうが食ってくる可能性は高いだろう。「ミノーは魚を模したルアーであり、虫ではないのでは？」という声が聞こえてきそうだが、それは私たちアングラーの"ミノー＝魚"という固定概念だと思う。答えはいつだって魚が出してくれる。

フックセッティングが肝

●テールだけでも可

40mm前後のミノーを使うにあたり、ひとつ問題になるのがフック。ミノーが小さくなるにつれ、ベリーとテールフックの位置はどうしても近くなる。すると、市販のシングルを2本付けると、前後のフックが絡みやすい。シングル自作派のアングラーなら小さいフックを捜し（グレやアブミバリなど）、両方に付けるのは可能だが……。

どうしても絡んでしまうミノーは、やや大きめのテールフックのみにし、ベリーにガン玉をぶら下げてバランスを取っている。この方法だと、流れに弱いミノーなのに安定したり、または飛距離がアップするなどの効果が得られる。なお、ガン玉のサイズはBB〜8サイズを携帯。「魚が食い上げたときにベリー

小型ミノーはプレッシャーの高いフィールド全般で通用する。気難しい遡上アメマスもご覧のとおり

市販のシングルフック1本で挑む場合、サイズは#6〜8が妥当。写真は、オーナーばり『カルティバ S-75M』

フックが付いてないと、フッキングミスにつながるのでは？」と思うかもしれないが、小型ミノーはベリーとテールフックの距離が近いせいか、今のところフッキングが悪いとは感じていない。

● **適合タックル**

ニジマスねらいの場合、スピニングとベイトを問わず、普段渓流で愛用しているものがそのまま使える。ベイトフィネス用リールなら8ポンドラインでも3g前後のミノーを難なく投げられる。スピニングなら5〜6フィートのロッドに1000番クラスのリール、ラインシステムはPE0.6〜0.8号＋ナイロン8〜10ポンドを50cmほどでOK。

晩夏〜初秋は、河原にバッタ類が増え、陸生昆虫の捕食率が高くなる。いつものミノーサイズに加え、50mm以下のミノーをルアーボックスに忍ばせておくと、小さな体でも大きな仕事をしてくれる可能性がある。

> 近年、道東太平洋側の小〜中規模河川では、中〜大型ミノーに反応が悪いアメマスが増えているようだ。そんな場面を攻略するのにも小型ミノーは欠かせない

| Top Water Plug |
| トップウオータープラグ |

◆シーズン 春夏秋冬
　　　　　△ ○ ○ ×
◆フィールド 渓流 本流 湿原 湖沼
　　　　　　◎ ○ △ ◎
◆難易度 ★★★★★

虫がいなくても問題なし？

　北海道の夏は短い……とよくいわれるが、ここ数年は真夏日が続き、長く感じるのは自分だけではないだろう。夏の渓流は陸生昆虫が主な捕食対象になり、それをイメージさせる50mm前後のミノーやスピナー、5g程度のスプーンなど比較的に小さなルアーが好まれる。トップウオータープラグの愛用者も少しずつ増えているが「なかなか釣れない」、「使い方がイマイチ分からない」という声をよく聞く。水面に浮かぶルアーに飛沫を上げてアタックしてくる光景を目の当たりにすれば、その面白さにハマって即一軍に昇格するのは間違いないが、釣れるまでは半信半疑で、ついミノーやスピナーにチェンジしがち。そうしてルアーケースの補欠になり、一度も出番がないうちにシーズンが終了してしまう人もいるようだ。
　「セミが鳴いているから」、「バッタが河原にたくさんいるから」、「ライズがあるから」。そんな条件に恵まれないと、トップじゃ釣れないと思っていないだろうか？　だとしたら、もった

夏渓流のパイロットルアー
ニジマスの実績はピカイチ

湖沼のセミルアーの効果はよく知られるが、渓流では意外に不人気なトップウオータープラグ。「本当に釣れるの？」という声を耳にするが、私は夏にパイロットルアーとして用いるほど絶大な信頼を寄せている。ドライフライのエッセンスを加えれば、トップウオータープラグの扱いやすさ、そして釣果は大きく変わる！

その形状からバッタをイメージさせる、スミス『トワディ』のチャイロバッタカラーはよく使う一本。細身でフッキング率が高いのもグッド

Type_03

TOP WATER PLUG

いない。夏はたとえ虫が少なくても、ライズが見られなくても、トップで釣れる確率はかなり高い。極端な濁りが入っていない限り終日使え、パイロットルアーにもなりうる。

日中こそ威力を発揮

トップウオータープラグが威力を発揮するのは6月上旬から。その頃になるとエゾハルゼミ、ハチ、アブ、コガネムシ、カメムシなど、ルアーで似せられるサイズの陸生昆虫の動きが活発化する。水面ではカゲロウ、カワゲラ、トビケラなども食われているが、これらの水生昆虫は総じてサイズが小さく、ルアーで似せるのは難しい。

小型の水生昆虫の大半は暑くなると日陰でじっとしていて、涼しい朝夕に行動することが多い。一方、陸生昆虫は暑い日中でも活発に動き回り、川に流される可能性が高い。つまり、日中はサイズの大きい陸生昆虫が絶好の捕食対象になりやすい。私はフライフィッシングも楽しむが、夏、ニジマスがメインターゲットの渓流を釣り上がるときは大型のドライフライを多用する。大型のドライフライは朝夕のマヅメ時よりも日中のほうが断然実績は高い。その経験から夏の日中はさほど種類を選ぶことなく、魚は多種の陸生昆虫を食っていると考えている。

チューニング効果は抜群！

トップウオータープラグを使ったことのある人なら分かるだろうが、水面に張り付くように浮くため、湖ならまだしも渓流だと見づらく、ちょっとルアーから視線を外すと見失ってしまいがち。そこで、昔は視認性の高いド派手なピンクやオレンジ色のルアーを買い、水中に没する腹部は虫っぽい黒色などに塗り替えたり、毛糸のような素材の目印を背中に貼り付けたりと試行錯誤していた。そうしてチューニングを施したルアーは確かに見やすい。が、色塗りに失敗したり、付けた毛糸が汚くなる難点があった。

ある日、部屋にあったフライフィッシング用の発泡素材で作られたシールを、トップウオータープラグの背面に貼り付けてみた。すると、すこぶる見やすいうえ、浮力も高くなりイイこと尽くめ。ルアーはフライに比べ

フクシルアーズ『福ゼミ』のチューンバージョンで釣った奇麗なニジマス。ハルゼミが見られる6〜7月の湖沼ではセミルアーの人気が高い

護岸際の深みも要チェックポイント。ところで、チューンしたルアーの視認性の高さが分かるだろう

40cm半ばが最大クラスと思っていた小渓流で出た、驚きの57cm。北海道の渓流は小規模でもあなどれないことをあらためて実感した

Type_03 トップウォータープラグ TOP WATER PLUG

スピード感あふれるファイトがニジマスの魅力。フックは外れてほしくないとはいえ、ジャンプは見たい

と、浮力が低いのがネック。浮力が高くなるのは好材料だ。

その後は、虫っぽさを追求。大型のドライフライに付けるラバーレッグにヒントを得て、発泡シールとルアーの背面の間にラバーレッグを挟んで装着してみた。そうしてプチチューニングを施したトップウオータープラグの釣果は申し分ない。また、ルアーが見やすいと集中力がアップして使い続けられる。それも好釣果が出ている理由のひとつに違いない。

37・47・57

トップウオータープラッギングで難しいのは、フッキングのタイミングだ。数年前の7月中旬、ニジマスの渓流に出掛けたときのこと。ずっと30℃前後の気温が続き、魚がバテる前に自分がバテそうだったが、この日は曇りで過ごしやすいのがよかった。しかし、朝からバラシまくり……。

対岸に倒木が折り重なる、いかにも大ものが付いていそうな大場所では、倒木の脇ギリギリにルアーが差し掛かったところで、底からゆっくりと魚影が浮上し、ニジマス特有のレッドバンドもはっきりと確認できた。私と魚との距離は約4m。思わず「デカっ！」と声が出たほど。

「あわてるな」と自分に言い聞かせながらフッキング動作に備える。それだけ考える余裕があるほど捕食行動はスロー。しかし、私の右手が暴走してしまい、完全なる早アワセですっぽ抜け。少なく見積もっても55cmは超えていただろう。その後、40〜50cm弱の良型が数尾、水面を割る幸運に恵まれたが、ことごとくフッキングミス。決定的なチャンスに弱い……。私がサッカー選手ならPKは絶対にゴメンだ。

前半の失態をふまえ、後半はむしろ合わせない、それくらいの気持ちで臨んだ（実際は魚の重さを感じてからフッキングするようにした）。対岸が草に覆われた、いかにも陸生昆虫が落ちてきそうなポイントへ。ルアーを流れに同調さ

陸生昆虫が落下しやすいボサ際は絶好のポイント。岸際がえぐれて深ければ、思わぬ大型が付いていることがある

残念ながらフッキングしなかったが、グッドサイズがゆっくりと浮上してバイトしてきた倒木際のポイント

このように、自分好みの"虫柄"を描くのも面白い。数は多くないが、つや消し（マット）カラーのトップウオータープラグなら油性ペンが乗りやすい

フッキング率を上げる一手、スプリットリングの連結

ラインはスナップなどを介さず、ルアーのアイに直結するのがベター

Type_03 トップウオータープラグ　TOP WATER PLUG

せていると、小さな口でついばむようにくわえた。「合わせない、あわてない」と心のなかで唱える。「グンッ」とした重みが伝わり、フッキング直後に数回ジャンプ。ランディングネットに収まった魚体は37㎝。40㎝に届かなくても元気満々のグッドコンディションだった。

これで充分満足したが、身体は上流に向かっている。今度は岩盤帯に深い溝が入ったポイントを前に、溝の真上を平行に流れるようにアップでキャスト。2mほどルアーを流し、そろそろドラッグが掛かりそうだと思った瞬間、ゆっくりと魚影が浮上してきた。そして「カプン」という音を立て、ルアーを飲み込んだ。1・2・ビシッ！　無事フッキング。岩盤にラインが擦れないようにやり取りしたのは47㎝。この日はさらなる大ものが待っていて、57㎝で締めくくった。

水面に導き、掛けるキモ

●まずは動かさない

トップウオータープラグを使うとき、最初の数投はアクションを加えない。流れに逆らわず、自然に流すことだけを心掛けたい。アクションを加えるのは、何度か流した後の最終手段。ドライフライでドラッグが掛かると出づらくなるのと一緒で、不用意にルアーを動かすと魚にあやしまれる危険性が高い。ルアーだとついアクションを加えたくなるが、ナチュラルドリフトこそ一尾に出会う近道。リールを巻くのはたるんだラインを回収するときだけ。巻きすぎるとラインにテンションが掛かり、ルアーが動いてしまうので注意したい。

●遅アワセに徹する

トップウオータープラッギングを覚えた頃、10アタック1キャッチという日もあった。それくらい乗らないのは珍しいことではない。この釣りは遅アワセに慣れること、これに尽きる。慣れるには回数をこなすしかないが、ルアーとフックの距離を離すという方法もある。スプリットリングを2つ付けるとフックが口に入りやすく、フッキング率は若干向上するように感じる。

●スナップは付けない

ラインはスプリットリングやスナップを介さず、ルアーのラインアイに直結することをすすめたい。なぜなら、スナップといえども多少の重さがあるので、軽量のトップウオータープラグは浮力が落ちてしまう。さらに、その

虫トップといえば、セミとバッタだ

バッタを連想させる、スミス『トワディ』は、サケ稚魚の時期にも活躍してくれるトップウオータープラグ。写真下は、本物のバッタを真似て、後ろ脚のラバーレッグを長めにしてみた

タックルハウス『エルフィン ミニシケイダー』。同シリーズには『シケイダー』と『ラージシケイダー』の3種類ある。写真下は、発泡素材とラバーレッグを付けたバージョン

トップの釣りを満喫できるしなやかさを持つ、D-3カスタムルアーズ『ブラキストン BKT-511L』

重さによってドラッグが掛かりやすくなるのも難点。また、スナップがあることで合わせたときにタイムラグが生じ、結果フッキングに影響することも考えられる。

● おすすめタックル

通常の渓流用でもOKだが、小型トップウオータープラグを正確にキャストするには、ある程度軟らかいロッドが求められる。流れを読み、出る場所を想像しながらの釣りになり、着水ポイントが釣果の明暗を分けるといっても大げさではない。また、軟らかいロッドはキャスト速度が遅く、ルアーを目で追いやすいのも◎。長いほうがルアーにドラッグが掛かりにくいが、長すぎると狭い渓流はキャストしにくい。5フィート6インチ～6フィート6インチがベター。

ラインは軽量ルアーでも飛距離を稼げるPEの0.8号前後がおすすめ。軽いPEラインは流れに揉まれにくく、ドラッグが掛かるのを最小限に抑えてくれるのも大きなメリット。ショックリーダーも水面に浮いてルアーを自然に流しやすい、柔らかいナイロンの8～10ポンドを1mほど接続したい。

視覚的な楽しみもあるトップウオータープラッギングは、釣れたら小型でもめちゃくちゃうれしいのに、グッドサイズに出会うチャンスまで広げてくれる。その効果は夏で終わらず、秋まで続く。

袋を開けたら2分で出来る 見える＋高浮力＝釣れる！プチチューニング

視認性を高めるだけでなく、本物の脚を表現できるチューンアップ法を解説。用意するのはフライ用の発泡素材シールと、ルアー用のラバージグ製作アイテムだけ。

ここで紹介するチューンのヒントになった、巨大アントを模したフライ。左はフォーム、右はビニール素材で作られている。どちらも、全長は30mm前後

アントフライと同じくらいのサイズのトップウオータープラグ。これをチューンしてみよう

このように発泡素材を2枚重ねて貼り付けてもOK

必要な道具類。左から、ティムコ『ストライクディテクター ハイフロート ピンク』、がまかつ『シリコンスカート』2種

01 ここでは、がまかつ『シリコンスカート』のゼブラカラー、幅0.9mmのタイプを使用。写真のように手で切り離す

02 好みのサイズにカットし、3本にする。ここでは1本、3.5cm程度の長さにしてみた

03 ティムコ『ストライクディテクター ハイフロート ピンク』を1枚剥がして……

04 ルアーのボディーサイズと同じくらいの長さになるよう、ハサミでカットする

05 04でカットしたシール面に、02で作った3本を写真のように乗せる。6本脚は本物の昆虫を意識して

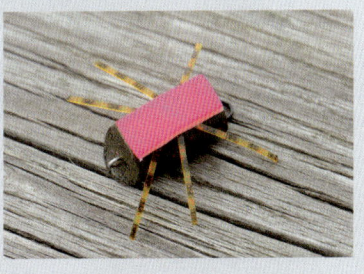

06 05をルアーの背中にしっかりと貼り付けて完成！

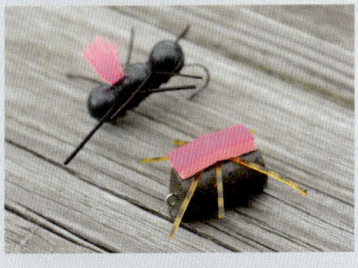

07 こうして見ると、あまりフライと変わらない

Floating Deep Minnow
フローティング・ディープミノー

◆シーズン 春 夏 秋 冬
◆フィールド 渓流 本流 湿原 湖沼
◆難易度 ★☆☆☆☆

ダウンの釣りを劇的に変える
痒いところに手が届くFD

河川のルアーフィッシングはしばらく、ヘビーシンキングミノーが主役を張っているが、それだけでは変化に富んだ流れを攻略しきれない。"隙間"を埋めるのに適したタイプのひとつが、フローティングタイプのディープミノー。ローテーションに加えたら、いつもより釣果がアップした⁉

ヘビーシンキング全盛だが

　渓流と本流を問わず、トラウトのルアーフィッシングではヘビーシンキングミノーを始め、重めのルアーを中心に使う人が増えている。私も底のとりやすさ、投げやすさから出番が多い。なかには「ヘビーシンキングミノーさえあれば釣りになる」と、そればかり使用するアングラーもいる。

　それほど人気の高いヘビーシンキングミノーだが、じつは苦手な人もいる。その理由を聞くと「ゆっくり巻くと泳がない」、「着底が早すぎて根掛かりしてイライラする」、「自重がある分、ミスキャストして破損しやすい」など。"釣れるルアー"は訪れる川、個々の釣り方で違ってくる。今や定番になったヘビーシンキングミノーだが、ほかのルアーと併用することで、その特化した部分が活きてくる。あまり頼りすぎるのも考えものだ。

着水後は浮いている「潜る」が正しい

　ヘビーシンキングミノーが定番になる前、水深のあるポイントや底付近をねらうにはフローティングタイプのディープミノー（以下、フローティングディープ）で探るのが基本だった。最近ルアーフィッシングを始めた人のなかには、周りの親切な先輩に「ヘビーシンキングミノーがあれば、ディープミノーはいらないといわれた」というアドバイスを受けることもあるようだ。だが、そんな人にこそ、フローティングディープをぜひ使っていただきたい。今となってはヘビーシンキングミノーに押され、若干影が薄くなっているものの、その有効性は健在だ。そこで、どんな特徴があるのか、人

流芯の中でルアーをひったくった一尾。流れに強いディープミノーはとても頼りになる

Type_04
FLOATING DEEP MI

気のヘビーシンキングミノーと比較しながら今一度おさらいしてみたい。

まず、フローティングというだけあり、着水後は浮いていて、リールを巻き始めてリップに水の抵抗を受けてから潜る。フローティングディープは沈むのではなく、潜るという表現のほうが正しいと思う。ヘビーシンキングミノーは着水と同時に自らの重さで沈むが、潜る力はほとんどなく、リップは泳がせるための最低限の大きさしかないものが多い。

また、フローティングディープがどれくらい潜る力があるかは、潜行深度という表記でパッケージやカタログ、各メーカーのホームページに記載されていることがほとんど。だいたいの最大深度を明記しているメーカーが多いが、親切なメーカーになると1〜1.5mという具合に、おおよその範囲を明記してくれている。そのため、自分の潜らせたい水深に合わせて使用すれば、根掛かりを軽減することも可能だ。魚がいるであろう層付近まで潜ってくれるという前置きがあれば、各ルアーがどの層を泳いでいるか把握するのが苦手な人にとって自信につながるはず。

それに比べ、ヘビーシンキングミノーはとにかく沈むことに特化している。ベールを返すのに手間取ったり、ラインのタルミがある限りは沈む一方。そのため、慣れないと根掛かりが多発し、一日に何個もルアーを失うのは珍しくない。その点、フローティングディープは底付近の根掛かりが多発する層を通るのにもかかわらず、根掛かり回避能力がとても高い。流木などの障害物に触れても、フックより先にリップの先端が当たりやすいからだ。そのため、リールを巻き続けると身をひるがえして泳ぎ続けたり、引っ掛かりそうになってもリールを巻かなければ浮上して根掛かりを回避しやすい。

また、ヘビーシンキングミノーの大

対岸が急深になっているポイントはグッドサイズが付いている可能性が高い。いろいろな角度からキャストしてねらってみたい

本流でライズしていたと思われる魚。ライズした付近でターンさせるとガツンときた（左）
ミディアムディープで釣った遡上アメマス。潜行深度がやや浅めのミディアムもあると重宝する（右）

音や泡のおかげで、かなりポイントまで接近できる。白泡の筋に平行になるようにルアーをトレースすると、思わぬ大ものに出会えることもある

流れが強い流芯はディープミノーで刻むように探ると、ほかのルアーに興味を示さない魚でも反応しやすいと感じる

直ダウンでリトリーブし、底付近までルアーを潜らせることができるのはディープミノーだけ。逆引きすると、魚にじっくりルアーを見せられる

Type_04 フローティング・ディープミノー FLOATING DEEP MINNOW

半は固定重心で、ミノーの前方にウエイトが内蔵されているものが多い。特に向かい風の状況や、力みすぎてキャストに乱れが生じると、ミノー自体が回転しながら飛んで行き、せっかくいいポイントに着水してもラインがフックに絡むトラブルが多発する。ヘビーシンキングミノーに限らず、そのトラブルでイライラした経験をした人は少なくないはず。着水する少し前に指でリールのスプールを触り、ラインに徐々にブレーキを掛けていけば（サミングやフェザーリングと呼ばれる）トラブルは軽減できるとはいえ、近距離をねらうことの多い渓流では、キャストした後すぐサミング動作に入るのはけっこうあわただしく慣れが必要だ。

フローティングディープにも固定重心は存在するものの、ほとんどに重心移動ウエイトが入っている。後者の場合、キャスト時はリヤ側にウエイトが移動しているため、ミノー自体は回転することなく矢のように飛んで行く。仮にルアーの飛行姿勢に乱れが生じた場合でもリップが長い分、フックまでが壁になり、ラインが絡むトラブルは少ない。

ヘビーシンキングミノーの場合、上流にキャストしてラインが弛んでいる間の沈下速度の速さはピカイチ。しかし、下流にキャストしたり、自分の立ち位置より下流にルアーが流れてからリールを巻いてくると水面直下しか泳いで来ない。一方、フローティングディープはリップが水の抵抗を受けた瞬間から、どんどん潜っていく。特にダウンの釣りでは、リールを巻かなくても底付近の同じ位置でずっとブリブリ誘い続けられる。プールや堰堤など、全体的に水深のあるポイントでも、足もとまできっちり潜ってくれる。ポイント全体をくまなく探るのは、ほかのルアーよりも短時間で行なえるだろう。

欠点も知っておこう

●デメリットの解消法

とはいえ、いいことばかりではない。ほかのミノーよりもリップが大きい分、水流をもろに受けやすく、複雑な強い流れのなかではバランスを崩して水面から飛び出してしまうものもある。また、リップに水流を受けやすい分、ほかのミノーよりも引き抵抗が大きい。その引き心地を好まない人もいるようだ（引き抵抗が大きいといっても、60mmクラスなら同じグラム数のスプーンやスピナーより抵抗は小さいものがほとんど）。

そして、リップが流れを受けてから徐々に潜っていくことから、対岸が切り立った崖や、流れが当たってドン深のポイントでは、対岸直下に潜らせるのが困難。そのため、対岸に対して垂直にルアーをキャストすると一番釣れそうな場所で底付近を通せない。それを解消するには、対岸に対してなるべく平行になるようにキャスト（アップクロスまたはダウンクロス）しなければならない。そんなポイントは、着水後すぐに沈み始めるヘビーシンキングミノーやスプーン、ジグが向いている。

ところで、ディープミノーの潜行深度はパッケージなどに記載していると書いたが、これは止水を想定している。止水においてサオ先が水面と同じ位置でルアーを泳がせた場合の最大、または平均の深度を表記している。そのため、自分の立ち位置が水面より高ければ、表記されている数値ほど潜らない。一方、ヘビーシンキングミノーはラインが弛んでいる限り深度は無限。「ここで確実に着底させたい」という場所が決まっているのなら、ディープミノーよりも深度調整が容易だ。

●ネチネチ誘ってガツン

ヘビーシンキングミノーと比較しつつ、私の独断と偏見で特徴を書いた

直ダウンでずっと下流を探りたければ、リールのベールをフリーにしてラインを送り出す。このとき、スプールに軽く手を添えるとトラブルを抑えられる

秋は落ち葉が気になるほか、底付近をトレースすると、藻などを拾ってくるのがリップの長いミノーの弱点。引っ掛かったら面倒くさがらずに取り除きたい

が、これらを知ったうえで使用すると、今までとは違った釣り方を組み立てられるはず。確かにヘビーシンキングミノーはすぐれている。けれども、「今日はこれで釣りたい」、「このポイントには、このルアーが合っている」と考えながら釣りをするほうが楽しい。同じルアーばかり使っていると、ほかのルアーに手が伸びにくくなり（釣れる気がしない）、釣り自体が単調になりがち。いろいろなルアーを携帯することをすすめたい。

特に水温が低い春や秋、底付近を意識した釣りが要求される場面において、フローティングディープをローテーションに加えてネチネチ探っていると、ヘビーシンキングミノーで誘えない魚が釣れることがある。また、ヘビーシンキングミノーでよくあるフォール中のアタリと異なり、フローティングディープは巻いている最中にガツンとくる。これもフローティングディープの醍醐味だ。

バットパワーはある程度必要

ロッドはいつも使っているものでも大丈夫だが、バットまでぐんにゃり曲がるアクションはあまり適していない。その理由は、引き抵抗がそれなりにあるので、ロッドアクションを加えたときにある程度のバットパワーがほしいため。

ラインはナイロンとPE、どちらでもOK。素早く潜行させたければ水の抵抗を受けにくい細めのラインがいいだろう。とはいえ、あまりに細いとラインブレイクの危険性が高くなる。ナイロンなら6〜8ポンド、PEなら0.6〜1号を選びたい。私はPEの場合、ナイロンのショックリーダー8〜12ポンドを1mほど接続している。感度を優先する釣りではないのでナイロンを選んでいるのだが、鋭利な岩盤で形成された大ものが期待できる河川ではフロロカーボンを結んでいる。この辺りは好みもあるので、自分がしっくりくるものを使いたい。

水平

上

下

同じミノーでもロッドティップの位置により、故意に泳層を変えられる。ひとつのポイントで泳層を変えながらねらうと釣果につながることがある

6回もジャンプを見せてくれた、頬の紅色が奇麗なニジマス。50cmに3cm届かなかったけれど、うれし〜！

Sinking Deep Minnow
シンキング・ディープミノー

- ◆シーズン 春 夏 秋 冬
- ◆フィールド 渓流◯ 本流◯ 湿原◯ 湖沼△
- ◆難易度 ★☆☆☆☆

北海道スペシャルとしてリリースされた、スミス『DDパニッシュ80S』でヒット。フローティングタイプにお世話になった人は多いはず

フィールドハンター『ロージー ミディアムディープ80S』で釣った、頬と側面の真紅が鮮やかなニジマス。湿原でよく見られる体色だ

厳寒期の切り札になり得る
SDでナチュラルに食わせる

厳寒期のアメマスねらいなどは縦の釣りで誘う人が多いが、魚に対する"見せ方"を変える意味でもディープミノーで横の釣りを試してみたい。かつてはフローティングが大半だったが、近年はシンキングタイプも続々登場。魚の活性が低い状況で特に効果が見込める。

鮮烈デビュー

一昔前の釣り雑誌をめくっていると、タックルの製品変化はそれほど感じないが、ここ数年の進化は凄まじいと思う。使う側としてはうれしい反面、財布にやさしくない状況になっているものの、新しいものが出てくるとやっぱり使ってみたくなるのは私も同じ。

10数年前に衝撃的なデビューを果たし、トラウトフィッシングにおいてド定番になったのが、国産のディープミノー、バスデイ『シュガーディープ』とスミス『DDパニッシュ』。リリースされた年は定かでないが、初めて見たのは小学低学年のとき。当時、私の小遣いは500円ほど。当然、すぐに買えるはずはなく、しばらくは釣り雑誌で釣果リポートをワクワクしながら読んでいた。初めて買ったのは中学生の頃。リールを巻くだけで勝手に2m近く潜るのを見て、「凄いミノーだ！」と驚いた。しかし、すぐに根掛かりしてしまい、半泣きになりながら底と格闘したのを今でもよく覚えている（結果……帰ってきませんでした、涙）。

昔はオモリを貼って

それから数年経ち、春や秋のアメマスシーズンになると、行き交うアングラーのラインの先に結ばれている、ほとんどのルアーがスプーンとディープミノーになった。今ではヘビーシンキングミノーに押され気味でも、本州ではサクラマスやサツキマス、北海道では港の海アメや海サクラ、本流のアメマスやニジマス、湿原のイトウに実績が高く、なくてはならないルアーといえる。

以前と変化？ 進化？ しているのは、トラウト用ディープミノーといえば、フローティングタイプがほとんど

Type_05
SINKING DEEP MI

だったのに、近年はシンキングタイプ（以下、シンキングディープ）が増えていること。私が初めて使ったシンキングディープは、メガバス『リップインベイト』。実際に使ってみると、いつも愛用しているフローティングよりも飛距離を稼げ、潜行深度はより深く、探れる範囲が増えて釣果が伸びた。しかも、泳ぎはフローティングとさほど変わらない。デメリットといえば根掛かりが少し増えたことくらい。

気をよくした私は、「もっと潜らせたい！」という思いが強くなり、ほかにシンキングディープがないかと捜してみた。けれども、なかなか見当たらない。そこでフローティングディープにオモリを貼ったりして試行錯誤していた。

レンジキープのしやすさが◎

フローティングディープは巻いてなんぼ。巻かないと潜らないし、巻くのを止めるとせっかく潜っていたのに浮上してしまう。魚の活性が高ければ、止めて浮上した瞬間に食ってくることが多く、障害物に当たると浮上する特性を利用すれば根掛かり回避にも役立つ。

しかし、極寒期は少しでも底付近にルアーを止めたい。その点、シンキングディープは着水と同時に沈み始め、さらにリトリーブでも潜り、フローティングディープより底付近に到達するのが速い。それでいて、ヘビーシンキングミノーほど沈下速度は速くなく、ルアーを見つけた魚の目線から急にルアーが消えないのが利点。水が濁っていたり、魚がボサの中に潜んで追って来ないヤル気のない状況でも、ルアーをじっくりと流して魚に見せることができる。

ロッドアクションは加えてもいいが、あまりテンションを掛けず自然に流すナチュラルドリフトこそシンキングディープの適した動作のひとつ。特に食いが渋い場合は、派手にアクションさせなくても魚はルアーに興味をもってくれる。

参考にしても鵜呑みにしない

●ロッドは硬めを

フローティングディープも同様だが、シンキングディープのルアーパッケージに記載されている「潜行深度2m」などの表記は、サオ先からの数値を示す。足場の高い湿原河川だと、サオ先から水面まで1m以上離れている場所は少なくない。そのため、仮に2m潜るディープミノーでも、実際には1mしか潜っていない場合は多々。数値は参考にしても鵜呑みにしないこと。確実に潜らせるには、少し長めのロッドが頼りになる。

●勝負は遅いが……

ところで、トラウト天国といわれている道東もフィッシングプレッシャーの高さによるものなのか、はたまた環境の変化によるものか、近年は数釣りできない日が珍しくない。一昔前に比べると、明らかに状況は変わってきている。ポイントによっては、全く反応がないことも……。そんな条件下、「このルアーさえあれば大丈夫！」と同じルアーばかり使うのではなく、タイプの違うルアーをローテーションし、人と違ったアプローチをするのが釣果を伸ばすコツといえる。湿原の三本柱といえる、ヘビーシンキングミノー、ジグ、バイブレーションは確かにすぐれたルアーだが、皆が同じように使い続けると魚も飽きてしまうのではないだろうか？

前記3つのルアーに共通しているのは、サオ先を上下に動かして使う縦の釣りでアピールすることが多い点。ポイントにいち早くルアーを送り込めるのが利点とはいえ、魚の付き場が分かっていないとあまり意味がない。一方、ディープミノーは横の釣りでアピールでき、かつ広範囲を探れるのが魅力。散々ジグやバイブレーション、ヘビーシンキングミノーで叩かれた後でも、ひょっこり魚がバイトしてくることがある。一尾に出会うまでに時間が掛かるかもしれないが（つまり勝負が遅い）、低水温で動きが鈍くなった魚に口を使わせる、新たな引き出しになってくれるはず。

遠投性能が高く、それでいてレンジキープしやすいシンキングディープは、広大な十勝川下流域でも頼りになる

足場の高い湿原河川で確実に潜らせるには、やや長めのロッドが有利。写真はスミス『トラウティンスピン・マルチユース TRM-80/5M』

Spinner
スピナー

◆シーズン 春 夏 秋 冬
◆フィールド 渓流 本流 湿原 湖沼
◆難易度 ★☆☆☆☆

イトヨレ必至は昔話
ニュータイプも使いこなそう

安価なうえ、投げてただ巻くだけ。「簡単すぎてつまらない」と言われるスピナーだが、近年はニュータイプが増えて面白い時代になった。スピナーといえばイトヨレを起こすのが欠点だったが、最近はそれを克服したものもある。

先駆けは攻めのスピナー

　ルアーの高性能化というとミノーを始めとするプラグ類に話題が及びがちだが、近年はスピナーの進化にも目を見張るものがある。スピナーはブレードが回転してフラッシングと波動を発生することで強いアピールを発揮し、ターゲットをひきつけることで知られる。

　しかし、そのスピナーの命といえる回転は、同時にイトヨレという厄介な問題を引き起こす。イトヨレを起こしたラインはガイドに絡み付いたりすることでトラブルを発生し、最悪の場合は巻き替えないと釣りを続行するのが難しくなるほど。スピナーとイトヨレは切っても切れない関係……そう、ずっと思われていたが、最近はイトヨレを大幅に軽減、もしくは解消したスピナーがメーカー各社から出ている。

　その先駆けになったのは、2009年にD-3カスタムルアーズがリリースした『フォワードスピナー』。ウエイトを前方かつ下方向に付けることで、イトヨレを完璧に克服した。その後、ウエイトやラインアイに工夫を施したタイプが続々登場し、"スピナー＝イトヨレ"という図式は過去のものになりつつある。また、ボディーにミノープラグが付いたニューコンセプトタイプも市販されていて、スピナーの進化はまだまだ続きそうな気配。では、そんなニュータイプを含めたスピナーの使い方とは？

キャストはクロスで

　スピナーの使い方を一言でいえば、ブレードをきちんと回転させること、これに尽きるといっていい。そのためには、どれくらいの速度で回転するのかを把握するのが重要だ。

　ブレードやボディーの形状により、スピナーの回転速度は異なる。一般的には、球状に近いコロラドタイプはブレードの回りだす速度が速く、反対に細長いウイローリーフタイプは遅い。また、ボディーはU字型のクレビスと呼ばれる金具を介してブレードが付く一般的なタイプより、ブレードに直接シャフトが通っているソニックタイプのほうが回転はいい。初めて使うスピナーであれば、いきなりポイントに投入する前に、チャラ瀬などで回転具合をチェックすることをすすめたい。

　ブレードが回転しているなら、トレースラインがストレートでも魚は反応してくれるが、"ここで食うはず"というポイントの直前でターンさせるのが最も有効な使い方だ。そのため、アプローチはアップやダウンではなく、流れを横切らせるアップクロス、またはダウンクロスがベター。アメマスなど遡上魚をねらう釣りでは、魚が群れでポイントに溜まっていることが多い。その場合は魚に警戒されないよう、釣り上がりでアップクロスでアプローチするのが無難だ。

スミス『AR-HDミノー』でヒット。トゥイッチを加えると一発で食ってきた。ブレードとミノーのどちらに反応したのか、あるいはその両方か……

ブレードの形状

コロラド　　ウイローリーフ

Type_06
SPINNER

上はクレビスを介してブレードが付く一般的なタイプ、フィールドハンター『きっとヒット』。下はソニックタイプ、スミス『AR-Sトラウトモデル』

クレビス

ターンで食わせる ※ダウンクロスの場合

追尾＋ヒットエリア
ここからターン
回収
流れ
キャスト

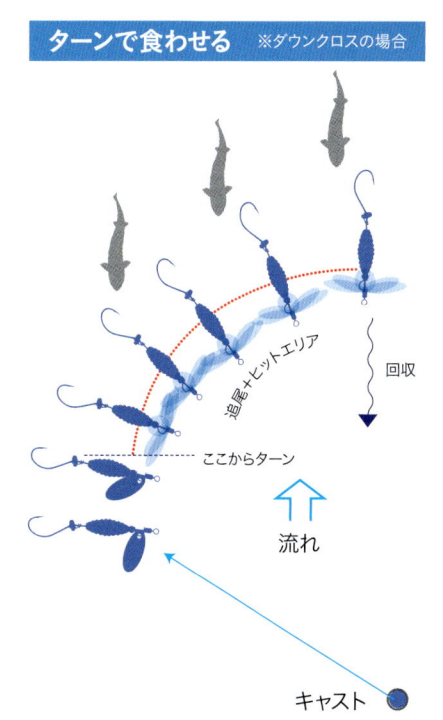

意外にスレにくい？

　ブレードの回転で起こる強烈なフラッシングと波動がスピナーの持ち味だが、そうした特性から「魚がスレやすいのでは？」と思っているアングラーは少なくないようだ。しかし、スピナーは意外にスレにくいルアーだと私は思っている。

　なぜなら、同重量であればミノーよりスピナーのほうがシルエットは小さく、群れのなかに着水させてもインパクトが少ないと考えられるため。さらに、ミノーはトゥイッチなどロッドアクションでアピールさせるのが基本だが、そうしたイレギュラーなアクションはスピナーの回転に比べてルアーの移動距離が大きく、結果としてポイントを荒らしやすいともいえる。それが顕著に出るのは、遡上アメマスねらいの人気河川。ミノーだと1投目が勝負で、何投もしていると魚が散ってしまいかねない。ミノーがリアクションの釣りなら、スピナーは食わせの釣りといってもいいかもしれない。

　以前、遡上アメマスの河川でこんなことがあった。その日、ミノーとスピナーを使い分けながら釣り上がるも、1投目からミノーを見て逃げ惑う魚が多く、明らかに低活性と思える状況だった。そんななか、65cmアップを頭に50cmアップを2尾、スピナーでキャッチできた。"遡上アメマス＝ミノー"の図式が定番化しているが、スピナーの入り込む余地は充分あるだろう。

イメージは虫だが……

●ミノーのほうがトラブる？

　スピナーは基本的には、ターゲットが虫を食っている場面で効くと感じる。とすると、夏のニジマスに威力を発揮するのは明らか。ライズしているニジマスねらいでも基本的なメソッドは変わらず、ライズ地点の手前でターンさせる。

　しかし、ニジマスの有望河川は流れが速い場合が少なくない。そうすると、きっちりターンさせるにはアップクロスではなく、ダウンクロスがマッチしている。アップクロスでミノー、同じポイントをダウンクロスでスピナーと使い分けるといいだろう。後者の場合、レンジは水面スレスレをトレースさせるイメージで探る。

　ミノーでダメなのにスピナーでヒット。これまで、そういう経験は何度もしている。顔を見せるのは可愛いサイズが多いとはいえ、釣れないよりはうれしい。スピナーは小型から大型魚まで反応し、サイズを選べない。大もの指向の人にとっては、それがネックかもしれないが、とりあえず魚の顔を見たいならスピナーは最適なルアー。何より、最近のイトヨレしないスピナーなら、トラブルはほとんど気にならない。アップでミノーをトゥイッチするほうがイトのタルミやヨレが出て、慣れないうちはトラブりやすいものだ。

●ミノーの利点をプラス

　とはいえ、上達するにつれ、スピナーのオートマチックな部分に物足りなさを感じる人もいるだろう。そんな人におすすめしたいのは、ボディーがミノープラグのタイプ。そうしたコンビネーション・スピナーは通常の回転でアピールさせてもいいが、トゥイッチでイレギュラーアクションを加えるのも有効。アピールも操作も、まさにスピナーとミノーのイイとこ取りといえる。

　ところで、従来のスピナーはイトヨレのほか、浮き上がりやすい難点があったが、重いウエイトが付くタイプなら底層をトレースすることも可能だ。また、回転性能のいいソニックタイプに関しては、リフト＆フォールの縦使いで釣果を上げている人もいる。スピナーはタダ巻きがすべてではなく、アングラーの工夫しだいで使い方の幅はかなり広がる。

●おすすめタックル

　タックルはスピニングでも問題ないが、イトヨレを気にしなくていいのは、ラインが真っすぐに出るベイト。ロッド選びに特別な注意点はないが、向こうアワセが少なくないスピナーの釣りでは、張りのありすぎるアクションはバレやすいことを覚えておきたい。

　考えてみると数あるルアーのなかで、スピナーほどパーツが多いタイプはない。それだけ秘めたポテンシャルも大きいのかもしれない。進化したスピナーの真価を問うのはアングラーの操作にかかっているだろう。

Spoon
スプーン①

◆シーズン 春 夏 秋 冬
◆フィールド 渓流 本流 湿原 湖沼
◆難易度 ★★★★

使い込むほど奥が深い
ムズかしいからオモしろい！

安価でフィールドを問わないスプーンは新たにトラウトルアーの扉を開くビギナーに適したタイプながら、使いこなすにはそれなりにコツがいる。そんな奥の深さからスプーンはベテランにも愛される。では、どう使えばいいか？ その特徴と併せて紹介する。

D-3カスタムルアーズ『D-3カスタムスプーン』7gでヒットした、カッコいい面構えのオス

ハードストリームス『ガルフ』10gが連れてきてくれた、秋色に染まった奇麗なニジマス

Type_07
SPOON

シンプルな優等生

古くから各国で使われているスプーン。その名前は、食器のスプーンを誤って湖に落とした際、それに魚が食いついたことに由来しているようだ。金属片を曲げたシンプルな作りで、その基本的な形状は昔も今もほとんど変わらない。それだけ完成

いつもなら素通りしてしまうポイントで、スミス『ヘブン』7ｇが大ものを導いてくれた

リセント『パラ・シェル』10ｇをピックアップ中、猛然とおそい掛かってきたファイター

は、プラグよりも価格帯がリーズナブルなのもあるだろう。

私は今でこそ好きだが、じつはずっと苦手なルアーだった。いや、正直にいうと、現時点でも使いこなしているという実感はない。スプーンを完璧に操るための特訓は現在進行形である。

苦手なのは、どうして？

私が昔、スプーンが苦手だったのは、ほかのルアーに比べると「泳層が把握しづらい」、「沈下速度が一定じゃない」、「着底が分かりづらい」、「回転しやすい形状でライントラブルが起きやすい」、「引き抵抗がダルい」などのマイナス要因が多かったから。

ミノーのように泳がせるためのリップが付いておらず、バランスを取るための浮力やウエイト配分がなされているわけでもない。そのため、「ここで沈めたい」、「アクションを加えて意図的に変化を与えたい」と思っても、ミノーに比べて明確にイメージできないのだ。そのときの水中姿勢や河川の流速により、同じようにアクションさせても動きにかなりバラツキがある。こんなふうに泳いでいる……というのは、あくまで想像の域を出ないと思う。

スプーンが苦手という人に聞いた理由は次のとおり。「行きたい川で何グラムを使っていいか分からない」、「どんなアクションを加えるのがいいか分からない」、「カラーが豊富すぎて迷う」。ミノーの場合はパッケージ

された形なのだろう。トラウト用のイメージが強いかもしれないが、本州ではマダイ釣りに使われたり、ブラックバスの世界では数年前から全長20㎝前後のマグナムスプーンといわれる大型サイズが注目されていたり、魚種を問わないオールマイティーなルアーだ。

ミノーは魚を忠実に似せたタイプが多い反面、形状がシンプルなスプーンは特定の生物に似せて作られているわけではなく、ターゲットに食性以外の興味や好奇心で口を使わせる要素を持っている。大きさやカラーを変えることで、魚や虫、ときには小動物までカバーすることができるルアーだと感じる。そして、長きに渡って多くのアングラーから支持されているの

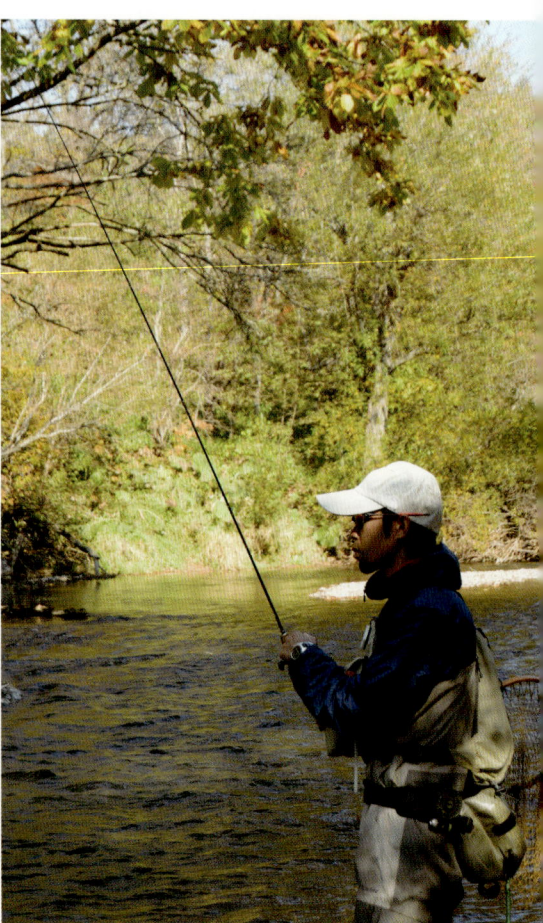

Type_07 スプーン① SPOON

河川規模を問わず、秋〜冬はスプーンが威力を発揮する。これくらいの規模なら5〜10gのウエイトを用意したい（左上）
ロッドを立てて操作するのが基本だが、クロスのアプローチで流れを横切ったら、ルアーを沈めるため徐々に寝かせていく（右）
底を探るのが基本になる河川では、特にベイトタックルの持ち味が活きる。ラインは色付きがおすすめ（左下）

ボディー形状による特徴

全長	長い	沈下速度が遅め・ロッドアクションの反応はゆっくりめ
	短い	沈下速度は速め・ロッドアクションの反応も早め
幅	狭い	沈下速度は速め・ロッドアクションの反応はおとなしめ
	広い	沈下速度は遅め・ロッドアクションの反応は機敏
厚さ	薄い	沈下速度は遅め・ロッドアクションの反応は早め
	厚い	沈下速度は速め・ロッドアクションの反応は鈍い
カーブ	ゆるい	アクションはおとなしめ
	きつい	アクションは派手め

に「最大何cmほど潜り、アクションはローリング系」などの説明がたいてい書かれているが、スプーンは「流れに強い、引き抵抗が小さい」くらいの情報しか得られないことが多い。これからルアーフィッシングを始めたい人には分かりにくいようだ。

●数種類のウエイトを

特に「行きたい川で何グラムを使っていいか分からない」という意見は多い。たとえば、初めてＡ川に行こうと思い、その釣り場に通っている人に尋ねると10ｇをすすめられたとする。そして、ルアーを買うべく釣具店に行き、念のため店員にも尋ねると14ｇをすすめられ、「どっちが正しいのか分からなくて困った」というような話をよく聞く。

どっちが正解なのか？　これは、どっちも正解。おそらく、通っている人はＡ川の水深を考えて底がとれるギリギリの重さをすすめ、釣具屋の店員は確実に底をとれる重めのウエイトを

冬眠前の荒食いは、確かにある。この日は魚の活性が高く、10尾近い40cmアップが飛び出した

すすめたのだろう。スプーンの沈下は使い手の技量、ラインの太さ、ロッドの硬さで決まってくる。そう考えると、数種類のウエイトを持っていくのが無難。前記の場合は、10、12、14ｇを用意するといいだろう。

● 形状を理解する

スプーンはシンプルな形状ながら、同じ重さであっても大きさやカーブの度合いで沈下速度も泳ぎも極端に変わる。ベテランになると形状を見るだけで沈下速度や泳ぎが大体把握できるようだが、私はまだその域に達していない。しかし、それほど難しく考える必要はない。スプーンによって全長、幅、厚さ、カーブの度合いが異なるのは、誰でも見れば分かるはず。これらをグラム数が同じもので比較してみるといい。

全長が長いと沈下速度は遅くなりやすく、ロッドアクションの反応はゆっくりめ。短いと沈下速度は速くなりやすく、ロッドアクションの反応は早め。幅が広くなると沈下速度は遅くなりやすく、ロッドアクションの反応は機敏。幅が狭くなると沈下速度は速くなりやすく、ロッドアクションの反応はおとなしめ。厚さが厚くなると沈下速度は速くなりやすく、ロッドアクションの反応は鈍い。厚さが薄くなると沈下速度は遅くなりやすく、ロッドアクションの反応は早め。カーブがきつくなるとアクションは派手になりやすく、逆にカーブがゆるいとアクションはおとなしめ。

こうした要素が組み合わさることで、スプーンはいろいろな泳ぎ方をする。形状をある程度理解したうえで、沈みに特化させたいのか、飛距離を重視したいのか、泳ぎだしを速くしたいのかなど、使い手が重視するタイプを選びたい。

● ビギナーにおすすめ

ミノーにヘビーシンキングタイプがあるように、スプーンにも極端な肉厚設計が施された沈下速度の速いタイプがある。このタイプは、同ウエイトのスプーンと比べてボディーが厚い分、シルエットはコンパクト。その形状から沈下スピードが速く、遠投性能も高い。流れの速い場所、極端に深い場所に向いている。スプーンが苦手という人の多くは、探っているレンジを把握できていないようだ。その点、肉厚スプーンは底をとっている感覚が分かりやすく、入門者に特に適したタイプといえる。

フィールド別の使用法

● 得意なシーズンは？

スプーンはシーズンを通じて効果が望めるが、私は晩秋〜初冬の河川で使用頻度が高い。気温が低くなると陸生昆虫が少なくなり、トラウトの捕食対象は水生昆虫や小魚、底生生物がメインになる。秋までは派手なライズを繰り返し、水面を流れる陸生昆虫を好んで食っていたトラウトも、晩秋〜初冬はエサの流下が多い水中

秋のニジマスは本当に美しく、コンディションも最高。当然、その強さは特筆ものだ

Type_07 スプーン① SPOON

に視線が向く。中層～底ならシンキングミノーやバイブレーションでもカバーできるレンジとはいえ、水温の低下で魚の活性が著しく低い状況だと、激しい動きに追い食いしてくることは少ない。

そこでスプーンの出番になる。よほど活性が低ければ、魚は底にへばり付いているが、そんな場面で確実に底をトレースできるのがスプーンの強み。当然、根掛かり率は高いとはいえ、スプーンなら安価で財布にやさしいのがいい。もっとも「底とりの速さならジグに分があるのでは？」という声もあるだろう。確かにそのとおり。だが、ジグだと今度は沈下スピードが速すぎる。スプーン特有のカーブが魚に食わせる絶妙な"間"を生みだすのだ。では、次から河川と湖沼における使い方を解説したい。

● 河川

河川でスプーンを使う際、ただ巻いてねらう「タダ巻き」と、流しながらねらう「ドリフト」の2つに大別できる。どちらも、キャストして底をとった後は、イトフケを巻き取って少しリフトしてから操作を始める。

「タダ巻き」は、ラインテンションを保ちつつ、あまりロッドアクションを加えずに一定のスピードでリールを巻く。それで釣れなければ、リトリーブスピードを変えたり、時々ストップを入れる（ストップ＆ゴー）。「ドリフト」は、ラインを張らず緩めずというテンションでスプーンを水中でヒラヒラ漂わせるか、底を感じとりつつ小さなリフト＆フォールを繰り返す。

これらのアクションの使い分けは状況しだいだが、タダ巻きはシーズンを通じてようすをうかがうときに多用する。水中を漂わせるメソッドは、ターゲットが流下する昆虫を食べているときや低活性時に有効。リフト＆フォールのメソッドは、小魚がベイトになっているときや高活性時に試したい。

上記はアップとクロス、どちらにも共通する操作だが、クロスのアプローチで流れを横切るとスプーンは浮いてくる。そこで、徐々にロッドを倒していき、ルアーが底から離れすぎないようにしたい。もし、すぐ下流側にオイシイポイントが続くようならラインを送り込むのも手だ。このとき、ベイトタックルならクラッチ操作ひとつでラインを出せるので便利だ。

● 湖沼

私の場合、湖沼ではまず、ワカサギをイメージしたミノーから使い始め、それでダメならスプーンを投入する。ウエイトは5～14g。魚が上を意

● アップの操作イメージ

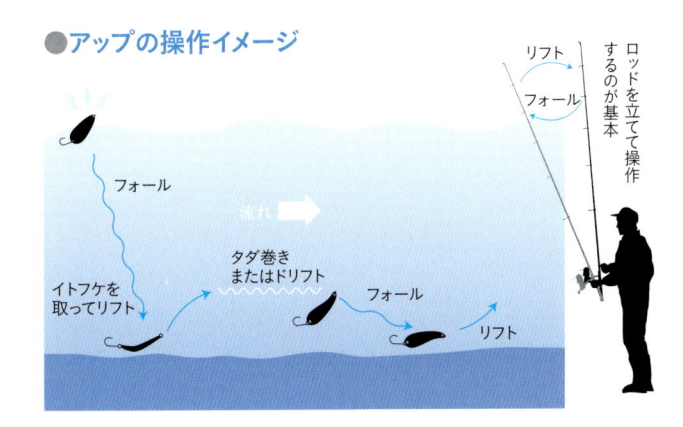

ロッドを立てて操作するのが基本

● クロスの操作イメージ

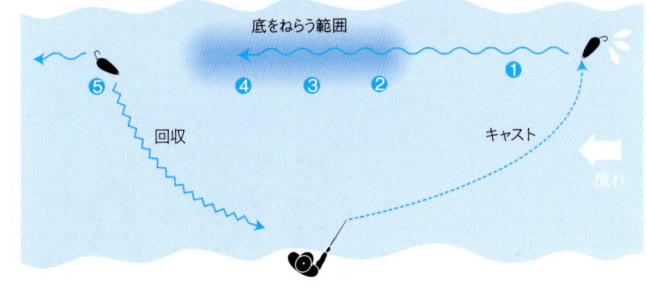

❶ねらいたい範囲の上流にキャスト
❷～❹で徐々にロッドを倒していく
❺で回収、またはラインを送り込んでさらに下流側をねらう

つり具 天狗屋 全道5店舗

■ラパラなど有名ブランド多数取扱■

SSY LABEL
【プロビア】
北海道カラー絶賛発売中

HARD STREAMS
【ギーガ＆シーランチャー】
SomeRise×天狗屋・限定コラボカラー

Angler'z System
【バックス＆オリエン】
SomeRise×天狗屋・限定コラボカラー

d-3 Custom Lure's
【D-3カスタムスプーン】
NEWサイズ・入荷中

■七重浜店（北斗市）TEL0138-49-9900　■金堀店（函館市）TEL0138-32-9900　■石川新道店（函館市）TEL0138-47-9900
■東苗穂店（札幌市）TEL011-781-9900　■新琴似店（札幌市）TEL011-764-9900

ミノーよりも落ち葉を拾わない。秋の河川では、このメリットはかなり大きい

識していると感じたら表層を引きやすい軽めのウエイトを、魚っ気がなければ重めを選ぶ。また、後者は風が強いときに飛距離を稼ぎたい場面でも重宝する。

　湖沼では基本的にタダ巻きで探る。ライズやモジリなど、水面直下に魚の気配があるときは表層にねらいを定め、着水と同時にリトリーブを開始。それで反応がなければ一度着底させ、魚影が多い水深を探っていく。スプーンを巻く速さについては、アクションするギリギリのスローと、回転しないギリギリのファーストの間を心掛けている。その理由は、あまり速く巻くとスプーンが回転してしまいライントラブルが多くなるため。泳ぎだす最低速度、回転し始める限界速度を事前に把握しておきたい。後はストップ＆ゴーやトゥイッチ、もしくはリフト＆フォールをミックスさせながら、その日のヒットパターンをみつける。

河川はベイトが頼りになる

●**タックルは感度重視**

　河川で底を意識した釣りを展開するなら、ベイトタックルの大きな利点である感度のよさが活きる。着底がしっかり把握できるのはもちろん、魚のアタリも明確に伝わる。また、ワンランク太いラインを使えるので、超のつく大ものが潜んでいるフィールドでも安心だ。底を探る釣りだけにラインは感度がよく、耐摩耗性の高いフロロカーボンが適している気がするが、自分はナイロン派。その理由は、フロロカ

54cm、極太体型のメス。50cmを超えてくると、なかなか抵抗を止めない

Type_07 スプーン① SPOON

肉厚タイプのスプーンは沈下速度が速く、底をとりやすいのが魅力。「スプーンが苦手」という人は、このタイプを使ってみてはいかが？　写真は、ハードストリームス『ガルフ』

スプーンのスプリットリングにスイベルを付けるのがおすすめ。これならラインに接続するのはスナップでいい

ーボンは色付きラインがほとんどないため。「スプーンが今、どこを流れているか」を確実に知るには、色付きラインが頼りになる。スピニング派なら、メインラインはPE、ショックリーダーはフロロカーボンのシステムだと感度がアップする。

　湖沼は標準的なスピニングタックルで大丈夫だが、軽量スプーンを遠投するなら短めのしなやかなアクションがベター。ラインは軽量スプーンでも飛距離を稼げるPEがおすすめ。号数については、根掛かりの少ない場所は遠投重視で細め、逆に根掛かりの多い場所はルアーの紛失を軽減すべく太めにする。

● スイベル仕様がベター

　スプーンを使う際は、できればスナップスイベルを付けたい。スプーンはスピナーほどではなくても、回転してラインにヨレが生じやすく、スピニングリールだとバックラッシュの危険性が高くなる。ベイトリールは真っすぐにラインを巻き取る構造上、ラインがヨレてもバックラッシュしにくいとはいえ、ロッドティップにクルクルと巻き付いてトラブルのもとになる。

　しかし、ミノーなどのプラグと併用する場合、「スナップスイベルだとミノーの泳ぎに影響するのでは？」と心配な人もいるだろう。もし気になるようなら、あらかじめスプーンのスプリットリングにスイベルを付けておくといい。そうすれば、ラインに接続するのはスナップでOKだ。

● 使い手と使い方で変わる

　スプーンによっては、「止水向き」とか「流れに強い」など、得意なシチュエーションをパッケージに書いているものもある。確かに、メーカー側が推奨しているシチュエーションにマッチするのは間違いないのだろうが、自分の釣りスタイルしだいでは、それ以外でも頼りになることがある。たとえば、止水用を川で使うのもあり。それがハマって釣果が上がるのも釣りの面白さだ。

　リーズナブルな価格ゆえ、お菓子の食べ比べをする感覚でいろいろなスプーンを集めて使用してみては？　スプーンはフィールドを問わないオールラウンダーであるのと同時に、使い手と使い方で釣果が大きく変わる奥の深いルアーだ。

愛用しているベイトロッドの一本、アブ・ガルシア『トラウティンマーキス TMC-562L MGS』

ターゲットはビッグトラウト 渓流から湖までカバーする リセントのルアーシリーズ

ぐるぐるX/N　Xルアー工房

リトリーブや流れの変化に応じて回転したり、トリッキーな動きを見せるハイアピールスプーン

サイズ・価格

- ■38mm 5g／640円+税
- ■42mm 7g／680円+税
- ■57mm10g／680円+税
- ■62mm14g／720円+税
- ■62mm18g／720円+税

カラー　全10色

- No.01　G／レッドラメ
- No.06　S／オレンジラメ
- No.02　G／レッドブラックラメ
- No.07　S／グリーンラメ
- No.03　G／オレンジグリーンラメ
- No.08　S／ブルーラメ
- No.04　G／ブルーピンクラメ
- No.09　S／オレンジイエローラメ
- No.05　S／ピンクラメ
- No.10　S／キャンディ

天然アワビ貼りスプーン PaRa　パラ・シェル

サイズ・価格

- ■7g／680円+税
- ■10g／740円+税

遠投性にすぐれたミノージグ KJ-8

ワカサギ・サケ稚魚にベストマッチ

サイズ・価格・カラー

- ■80mm10g／1,300円+税／全8色

RECENT [ríːsnt]
POWER ANGLER'S CHOICE
有限会社リセント
〒154-0017　東京都世田谷区世田谷1-16-24-2B
TEL.03-3428-6111　FAX.03-3428-6112
http://www.recent.jp

Spoon
スプーン②

◆シーズン 春 夏 秋 冬
◆フィールド 渓流 本流 湿原 湖沼
◆難易度 ★★★☆

食わせの間を与えやすい スライド・への字・スリム系

近年、湖沼の釣りで注目度が高いのは、細長い形状が目をひくスライド系スプーン。普通のスプーンと何が違うのか？ スライド系の躍進により、再び脚光を浴びているタイプも含めて紹介。

ぐるぐるが同種

栃木県中禅寺湖でレイクトラウトねらいのアングラーから注目されたのをきっかけに、湖沼の釣りで脚光を浴びているルアーがスライド系スプーン。年を追うごとに、北海道でも着実に実績が上がっている。「えっ、何それ？」という人は、アキアジ釣りの爆釣ルアーとして知られる、リセント『ぐるぐるサーモン』がスライド系スプーンというとイメージがつかみやすいかもしれない。

スライド系スプーンは、細長い形状で裏面に反り返り（カップ）がない、あるいは限りなくなだらかなカップを持つ。実際に使ってみると、重めのグラム数でも一般的なスプーンよりも浮き上がりが速い。一番の特徴は、リトリーブを止めたときのアクションが、リトリーブ時の進行方向に対して直角方向に変わること。通常のスプーンはフォール時に不規則な動きで魚を魅了するのに対し、スライド系スプーンはアングラーが意図的にアクションを変化させて食わせの間を与えるのが容易なルアーといえる。

リセント『ぐるぐるX/N』10gを遠投した後、ゆっくりめのタダ巻きで釣った50cmアップ。ピックアップ寸前でのヒットだった。屈斜路湖にて

通常のスプーンとの違い

● フォール時のアクション

「一般的なスプーンと使い方が違うの？」と思うかもしれないが、そんなことはなく、通常のリトリーブ（タダ巻き）でも使える。しかし、前述したようにリールの巻きを止めたときや、着水後のフォール中に（ラインとの接続部を前とすると）横方向（左右どちらか）に高回転しながらゆっくりとスライドフォールする。スライド系スプーンの真骨頂といえるスライドフォールは、ミノーやスピナー、ジグミノーなどのルアーにはなかなか出せないアクション。それゆえ、魚が強く興味を抱くようだ。スライドアクションを用いて食わせのタイミングをつくらない手はない。

一般的なスプーンもラインテンションによっては、回転しながらフォールしていくものもある。だが、スライド系スプーンよりも回転スピードが遅い。そして、スライドするというよりも、ユラユラと木の葉が舞うように落ちていくか、肉厚スプーンのように重心がある部分を下にして比較的に速い沈下速度でユラユラと落ちていく。そんな動きを見ていると、同じスプーンでもスライド系スプーンは全く性格の異なるルアーに感じる。

なお、フォールアクションには2パターンある。ラインを張ってテンションを掛けたままカーブフォール気味に落とす方法と、ラインを張らずにテンションフリーで落とす方法。素早く着底させたい場合は後者で。ライズがあるなど明らかに魚が表層付近にいるとき、着底前に違和感があったとき、または遠浅なポイントではテンシ

Type_08

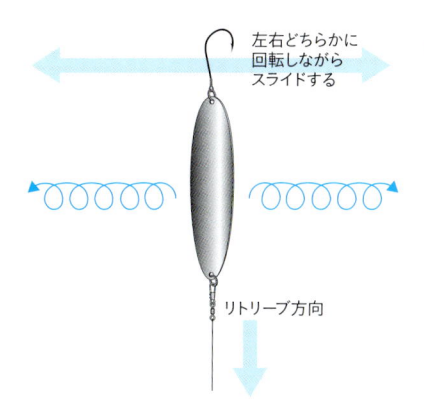

左右どちらかに
回転しながら
スライドする

リトリーブ方向

上の"への字"系(スミス『バックアンドフォースダイヤ』)と、下の"スリム"系(ハードストリームス『ギーガ』)も、スライド系スプーンと同じ操作で面白い動きを見せる

ションを掛けてフォールすると着底前のヒットも珍しくない。黙っていてもアクション（回転）するので、着水直後から気が抜けない。

● リトリーブ時のアクション

スライド系スプーンと一口にいっても、メーカーによって形状は異なる。通常のスプーンのように、ある程度カーブの付いたスライド系スプーンは、ゆっくりめのタダ巻きでもスプーンのようにアクションする。

逆に、棒状に近いスライド系スプーン（『プロビア』、『ぐるぐるX/N』など）は、ゆっくりめのタダ巻きだと軌道を変えずに回転しながらアクションし、速巻きでスプーンあるいはローリングミノーのようなアクションをする。魚の活性がある程度高ければ、それで充分釣れる。気をつけないといけないのは、レンジキープ力があまりないので、速巻きしすぎると水面スレスレを泳いでくること。しかし、見方を変えると、かなり浅いポイントでも根掛かりを恐れずに使える。

● 驚きの出来事

10年以上前、管理釣り場に行ったときのこと。その日はポツポツと単発で釣れていたが、そのうち追ってくるのに食わない状況が続いた。そこで、たまたま持っていた、リセント『ぐるぐるX』（ぐるぐるサーモン、ぐるぐるX/Nの先駆け）1.2gをキャスト。当時は「こんな薄っぺらい金属片、よほど活性が高くないと釣れないだろう」と期待していなかったが……。

それが何と、着水して3秒もしない間にヒット！ しばらく爆釣劇が続いた。このとき、ほとんどリールは巻いておらず、ぐるぐるとスライドしながら左右にフォールしている最中に食ってきた。水の透明度が高く、魚がルアーを奪い合うように食い付くようすをはっきりと確認。そんな光景を目の当たりにしたのは、このルアーとエサのペレットを撒いたときだけ。スライドアクションの威力を痛感した。

● ロッドアクションを加える

スプーンといいながらも面白いのは、ロッドアクションを加えたときにスプーンらしい泳ぎをしないことだ。トゥイッチやジャークといったロッドアクションでも、細長い形状に加え、一般的なスプーンと違ってカップがない分（または浅い）、水を切り裂いてミノーのように左右にダートさせることもできる。

今のところ、スライド系スプーンはリールを巻いて止めての繰り返し（ストップ＆ゴー）が、最も簡単で基本的な動作だと私は思っている。そして、リトリーブをストップさせる（スプーンが回転している）ときが、最もアタリが多いと感じている。ストップ＆ゴー、トゥイッチやジャークなど、スプーンに変則的なアクションを加えることで、食い渋る魚のヤル気スイッチをONにできたことはしばしば。つまり、ルアーに命を吹き込むのは、アングラーのロッド＆リトリーブ操作。自分なりにロッドアクションをアレンジし、爆釣パターンをみつけていただきたい。

この2種も要注目

● への字系

スライド系スプーンが注目を集める前、スライドアクションをするスプーンがなかったかというと、そんなことはない。ベテランならおなじみのへの字系スプーンの元祖『ハスルアー』も均一にぐるぐる回りながら、斜め横方向にフォールするルアーである。この動きを利用し、渓流でスピナーのように回転させながら、ハスルアーをドリフトさせてねらっている人もいるはず。その使い方は、スライド系スプーンとほぼ同じ。

● スリム系

スライド系スプーンと似たような形状でスリム系スプーンがある。スライドアクションをするとはうたっておらず、スライド系スプーンとの線引きが難しいものの、なかにはスライド系スプーン並にスライドアクションするものもある。そうしたタイプなら、スライド系スプーンと同じような使い方ができるだろう。さらに、スライド系スプーンとは違い、カップがあるものもある。そうしたタイプなら一般的なスプーンやスライド系スプーンでは演出できない、ミノーのような使い方も可能。ロッド操作はスライド系スプーン、または一般的なスプーンと同じでOK。

シー・レーベル『アドロワ プロビア』14gでキャッチ。着底直後の速巻きでヒットした美しい40cmオーバー

Micro Spoon
マイクロスプーン

- ◆シーズン 春 夏 秋 冬
- ◆フィールド 渓流 本流 湿原 湖沼
- ◆難易度 ★ ★ ★ ★

Type_09 MICRO SPOON

フライに通じる要素を秘める 食いが渋いときはコレ！

管理釣り場で欠かせないルアー、小型＆軽量のマイクロスプーンを自然のフィールドで使うアングラーは少ないが、流れの緩いポイントなら持ち味が活きる。プレッシャーの高い状況においてフライに通じる魔力とは？

集めたくなるラインナップ

もう10数年以上前、本州で爆発的にエリアフィッシングがブレイクすると、じわじわと北海道でも流行りだした。かつて「釣り堀」と言われていた場所は管理釣り場、またはフィッシングエリアと呼ばれるようになり、ビギナーや親子連れ、カップルにも親しみやすい場所になった。

エリアフィッシングのパイロットルアーが、小型＆軽量のマイクロスプーン。エサであるペレットに似たルアーも存在するが、スプーンの種類の多さには敵わない。グラム数は0.1刻みでラインナップされていることもある。また、釣りのしない女性も釣れてしまいそうなカラフルなカラーが多いのも特徴だ。収集癖がない人でも少年時代のビックリマンシール、キン肉マン消しゴム、スーパーカー消しゴムのごとく、つい集めてしまう（世代じゃない人には分からない？）。

どうして差がつく？

●3つの要素が関係

マイクロスプーンを管理釣り場用と限定し、自然のフィールドで使わないのはあまりにもったいない。たとえば、こんな経験をしたことはないだろうか？　湖沼や堰堤のプール、河口といった比較的流れの緩やかな場所でフライフィッシャーは爆釣。一方、あらゆるタイプを総動員させたのにルアーアングラーはポツポツ、最悪ボウズで帰路に着く……。

なぜ、そんなに差がついてしまうのか？　①大きさ、②沈下速度、③リトリーブスピードの3つだと私は思っている。

フライは5cmを超えるサイズはあまり使われず、小さいものだとミリ単位までサイズを落とせる。小さいということは軽く、ウエイトは本物のエサに近い。水中では波間に揉まれ、沈下していくようすは沈むというより"漂

5gながらサイズの小さい、ハードストリームス『ガルフ』でヒット。こうした肉厚タイプは風が強い状況で必携

う"といったほうが正しいだろう。流れの緩い場所では、"漂う"ことが魚にとってかなり効果的らしい。

そして、リトリーブスピード。フライの場合はリールではなく手でラインを繰ってリトリーブする。10cm間隔で小刻みに、あるいは30〜40cm間隔で大きくゆっくりと行なう。ルースニング（マーカーと呼ばれるウキを使い、フライをウキの力でぶら下げて釣る方法）をすれば、ヒットレンジをキープすることも可能だ。

これら3つのことをルアーでやるとなると、どうだろう？ 大きさについては、ミリ単位のセレクトはかなり厳しい。小さくなればなるほどルアーは軽くなって飛距離が稼げず、風のある日はラインの抵抗だけでルアーが浮き上がるほど。リトリーブスピードはたとえゆっくり巻いたとしても、ギヤ比の遅いパワーギヤタイプでも1回転平均は60cm前後。フライのリトリーブスピードの倍以上で、それを気にしてさらにゆっくり巻くと通常のミノーやスプーンは泳いでくれない。

● MSC似

そんななか、前記3つを実現できるのがマイクロスプーン。管理釣り場に行ったことがある人は分かるだろうが、そのスタイルは自然のフィールドとは異なり、スローフィッシングが常識。片膝を地面に付くような体勢でしゃがみ込み、ロッドのバットエンドを肩に当て、スナイパーのごとくロッドティップやラインを見つめて超スローリトリーブで誘う。

前述したようにマイクロスプーンの重さは0.1g単位で存在し、重いもので5g程度、軽くて1g以下。この範囲ならフライフィッシングの"漂う"

ベイトを特定しないファジーな形で魚を魅了するMSCフライの#10。これと道内で人気のマイクロスプーン、フィールドハンター『ゴールドラッシュ』3gを並べてみた。サイズ的にはほぼ同じ

に近づけられ、スプーンを木の葉のようにヒラヒラとフォール＆リトリーブさせ、水生昆虫やヨコエビ（スカッド）など小型のベイトを演出できると考える。

ところで、フライフィッシングにはベイトになる虫や魚の種類を特定しない、アトラクター的な要素をふまえたパターンがある。その代表格がMSC。May Fly（カゲロウ）・Stone Fly（カワゲラ）・Caddis（トビケラ）という三大水生昆虫の頭文字を取り、応用範囲が広いことで有名。何に似せたのか分からない毛むくじゃらなフライだが、魚からの評判は人間でいうところのラーメンかカレーライス並によく、エッグやヨコエビの代役として活躍する。

それと同様、ルアーに関してもミノーは魚の形をしていても、スプーンは何にも似ていない曲がった鉄板でMSCに通じるものがある。そのスプーンをマイクロ、つまり小さくすることでフライのような効果が期待できる。

ライトタックルで行こう

マイクロスプーンを使う際は、軽量ルアーのキャストと操作性にすぐれた、ウルトラライト〜ライトクラスのロッドが扱いやすい。鞭のようにしなるライトロッドだと、ついばむようなショートバイトも乗りやすい。良型が掛かると不安になるかもしれないが、流れの緩いフィールドならそれほど問題はない。ロッド全体で強烈なファイトを受け止めることで、細いラインでもブレイクする危険性が低くなる。

ラインは当然のこと細いほうが飛距離を稼げる。PEなら0.6号以下が適している。魚がいるのになかなか食わないときこそ、マイクロスプーンの真骨頂が発揮される。ヘビータックルで大ものねらいもいいが、気軽にゲームフィッシングを楽しむのも悪くない。

4月は、これから海に下る準備をしている下流〜河口域でアメマスに遊んでもらう。こんなシチュエーションはマイクロスプーンがハマる

このときは、エリアフィッシング用ロッドで実釣。ファイト時のやり取りは、40cmクラスでも超オモシロイ！

反応のいいカラーは確かに存在する。数色そろえ、アタリがなければローテーションしたい

Crank Bait
クランクベイト

◆シーズン 春○ 夏 秋 冬○
◆フィールド 渓流△ 本流○ 湿原○ 湖沼○
◆難易度 ★★☆☆☆

湿原河川の救世主
アピール力と集魚力は抜群

バスフィッシングでは超メジャーだが、トラウトフィッシングの世界だと、影が薄いクランクベイト。しかし、湿原のアメマス釣りにおいては、ヒットルアーになり得る可能性を秘めている。その理由と能力を最大限に引き出すタックルシステムを考えてみたい。

定番の限界

近年は温暖化の影響なのか、結氷期間が昔より短くなった。年によっては氷に閉ざされることなく、冬期間フルに釣りができる場所もある。けれども、小規模河川はさすがに結氷するので、釣りになるのは水温が安定している湧水の河川や大規模な本流くらい。そんな限られたフィールドに毎日のように釣り人が入れば、気になるのは人的プレッシャーだ。

タックル性能の向上や多種多様なルアーのおかげで、一昔前に比べるとボウズで帰ってくることは少なくなったが、何度もキャッチ＆リリースされた魚は、さすがに賢くなるらしい。冬期間の人気フィールドである湿原河川の場合、ジグ、ヘビーシンキングミノー、スプーンなどの着底させやすいルアーが人気だが、極寒期の魚は動きが鈍く、落ちるのが速いルアーに対し、それほど好反応を示すわけではない。さらに、スレてくると口を使わせるのはなかなか難しい。何か秘策はないものか？

他魚種の攻略法に学ぶ

トラウト向けの極寒期対策として発売されているルアーは意外に少ない。北海道を除くほかの地方は禁漁期間になるからだろうか？ トラウトねらいで極寒期に使うルアーとして挙げられるのは、10数年前までスプーンとディープミノーだけといっても大袈裟ではないだろう。

しかし、ゲームフィッシングが盛んになると、北海道を除く地域で年中ねらえるバスやシーバス用のルアーはビックリするくらい増えた。北海道のアングラーはその分野に着目し、トラウト用以外のさまざまな種類のルアーを使用し、極寒期やハイプレッシャーを打開しようと積極的に試してきた。そうして、釣果を上げる人が現われると、本来は他魚種用のジグやバイブレーションなどがトラウト用として市販され、なかには定番化したものもある。

スミス『ディプシードゥ2』でキャッチ。サイズはともかく、巻きの釣りでバイトがあると楽しい（上）
この日は、60mmクラスで開始し、数投目でヒット。幸先よいスタートを切れた（下）

Type_10
CRANK BAIT

とはいえ、今でも定番にならないルアーはけっこうある。そのひとつがクランクベイト。バス釣りでは、持っていないアングラーはいないといっていいくらい超メジャーなルアーで、急深の湖や低水温で沈んでいる魚をねらうのに多用される。それなのに、トラウトフィッシングでは好んで使う人は少ない。以前、支笏湖など一部のフィールドで脚光を浴びたが、その後は鳴かず飛ばずという感じ。

なぜ、自然の河川でクランクベイトを用いるアングラーが少ないのか？ その理由として最も多かったのは「見た目が釣れそうにない」、「バス用のルアーだから」、「引き抵抗が強いから」。最後の理由は致し方ないものの、その前の2つに関しては"食わず嫌い"といえなくもない。

ハイギヤリールが流行しているが、冬はスローに誘えるローギヤも武器になる。写真は、最大巻き取り66㎝のアブ・ガルシア『レボ エリート パワークランク6-L』だが、パワークランク5（最大巻き取り55㎝）なら、さらにスローな釣りに対応する

クランクベイトはバス用ルアーだけあり、チャート系のカラーが多く、アメマス釣りには好都合!?

長所と短所

前述したように、ジグ、スプーン、ヘビーシンキングミノーが冬の定番ルアーとして親しまれている。これらのルアーに共通するのは、底とりが速く、浮き上がりが速いということ。このポイントで確実に沈めたいとか、ある程度魚の着き場が把握できている場合は武器になるが、ちょっとラインにテンションを加えたり巻き始めると、想像以上に速く水面まで浮上してくる。

一方、クランクベイトは底に到達するスピードこそ劣っても、底に止まっていられる時間は前出のルアーよりもはるかに長い。また、流れの抵抗をリップに受けている間は、潜ろうとする力がディープミノーよりも断然強く、誰でも容易に底付近を探れる。クランクベイトは50〜60㎜とボディーが短くても、10ｇ前後の自重があるものがほとんど。そのため、小さくてもよく飛び、ゆっくり巻いてもよく泳ぐ。さらに、アピール力が抜群なのも見逃せない。

また、クランクベイトは基本的にハイフロート設計。巻くのを止めるとかなりの速さで浮上する。そのため、巻いている途中に障害物に接触しても、身をかわすように避けるか、巻くのを止めて浮上させ回避することも可能だ。根掛かりによる紛失はプラグ系のなかで最も少ないと思う。

逆に、クランクベイトの短所は、やはり引き抵抗の強さ。使いたくない理由として挙げられるように、ものすごく抵抗のあるものもある。丸いボリュームのある形状から、流れに弱いものも少なからずある。ガンガン瀬などの流れが複雑で強い流れには不向きかもしれない。けれども、使い方を間違えなければ、さほど気になる短所ではない。

ハイギヤは万能ではない

数年前なら、強い引き抵抗をふまえてバスロッドをすすめているが、最近のトラウトロッドのなかにはヘビーシンキングミノーやバイブレーションなどをテクニカルに操るためか、バスロッド並にパワーを持つタイプも見られる。釣り場に合ったロッドの長さと、ミディアムライトクラスのパワーがあれば、2ｍ前後潜るクランクベイトなら問題なく操作できる。

それよりも気にしたいのが、リールのギヤ比。近年はハイギヤリールを選ぶ人が多いが、クランクベイトと冬の釣りに関しては、ハイギヤ以外のリールをおすすめしたい。なぜなら、クランクベイトは引き抵抗があるだけに、ハイギヤタイプで巻くとリールの回転そのものが重たくなり、長時間の使用だとストレスを感じるため。また、河川で使うとゆっくり巻こうとしても、川の流れプラスリールの巻きでものすごい抵抗が掛かり、水面に飛び出してしまうクランクベイトもある。それに、ギヤ比が高いとスローに誘えないのが難点。

私がベイトタックルでクランクベイトを使う際、ローギヤで1回転最大66㎝しか巻けないリールを愛用している。こうしたタイプなら、障害物に張り付いた魚にゆっくりとルアーを見せられるのでは？ と思っている。もっとも「ハイギヤでもゆっくり巻けばいいのでは？」という意見もあるだろう。しかし、長い間、通常のギヤ比になじんだ私の身体は、巻くスピードを変えるのが難しい……。ラインは操作性を優先し、スピニングなら10〜12ポンド、ベイトなら14〜20ポンドを選んでいる。

もちろん釣果はよいに越したことはないが、釣ったことのないルアーや食わず嫌いなルアーを用い、目標を決めてねらうのも釣りの醍醐味だ。

クランクベイトはベリーとリヤフックの距離が近い。フックサイズを考えないと絡みやすいのがネック（上）
クランクベイトのほとんどはボディーが短いので、1フックでもフッキングに支障を感じない（下）

Jig ジグ	
◆シーズン	春◯ 夏◯ 秋◯ 冬◯
◆フィールド	渓流 本流◯ 湿原◯ 湖沼◯
◆難易度	★★★★☆

Type_11
JIG

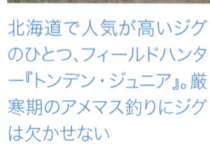

オールシーズン対応
まずは着底を意識して使う

昔はジグといえば海アメを始め、ソルトウオーターのイメージが強かったが、今、そう思う人はいないだろう。それくらいジグは河川や湖でも多用されている。しかし、「使い方がイマイチ分からない」そんな声も依然としてある。じつは以前、同じようにジグが苦手だった私が、釣れるようになったきっかけをアドバイス。

定番として定着

道東周辺の本流でアメマスをねらうのに、ジグが当たり前に使用されるようになって10数年経った。私が使い始めた草創期、ジグはショップで海用のルアーとして売られていて、ダイワ『ファントム』やタックルハウス『P-BOYジグ』くらいしか見かけなかった。重さは30〜40gが中心。川で使う気にならなくて当然だろう。

ジグをローテーションに加えるようになったのは、いち早くその有効性を見いだし、釣果を出している人が近くにいたからだ。そうでなかったら流行りだしてから使っていたと思う。現在、ショップに行くと迷うほど各メーカーからさまざまなジグが発売され、トラウト用と明記されたものも数多くある。ジグはここ数年で、川、湖、海とフィールドを問わず、大勢のアングラーに親しまれる存在になった。

そうして定番になったジグだが、「周りのアングラーのように釣果が出せない」、「頑張って使ってみたが好きになれない」という人も意外に少なくないようだ。正直、私も使い始めた当初、ジグの釣り方がよく分からなかった。しかし、釣れなかったポイントで立て続けにジグで釣った人を見てしまったくやしさから、「これで釣るまであきらめない！」と使い倒した記憶がある。

苦手を克服する

●泳がないわけではない

ジグが苦手な人にその理由を聞いてみると、「アクションがおとなしすぎる」、「オモリにしか見えない」、「キャスト時の距離感がつかみづらく、ミスキャストが多発する」、「ロッドアクションを加えるとフックにラインが絡みやすい」、「浮き上がりが速く、意外に底をとりにくい」、「すぐに根掛かる」、「スプーンより値段が高いならスプーンでいい」など。ちなみに、私

北海道で人気が高いジグのひとつ、フィールドハンター『トンデン・ジュニア』。厳寒期のアメマス釣りにジグは欠かせない

全体的に水深のある湿原河川は厳寒期だけでなく、シーズンを通じてジグの持ち味が活きる

ウエーディングできる場所においても、遠投できるというジグの有効性は大いに発揮される

が初めて使用したときの感想は、「泳がない……」。この時点で使う気が失せてしまう人もいるようだ。

ただ、そうはいっても、全く泳がないわけではない。ほかのルアーと比較すると、"低速でのタダ巻きがおとなしい"という表現が正しいだろう。しかしながら、外見からも分かるように、金属片か金属棒にしか見えないものに、ミノーやスプーンと同様の動きを望むのが間違いかもしれない。ミノーはリップ、スプーンはカーブ、スピナーはブレードと、水流を受けるだけで動きが出るパーツを持っている。それをふまえると、ジグにタダ巻きでの泳ぎはあまり期待しないことだ。ジグの特性を長所と短所に分け、短所を補う方法を考え、プラス思考で使うと苦手意識がなくなるはず。私もそうして釣果を出せるようになった。

● **短所を長所に変える**

では、長所は「飛距離が出る」、「沈下速度が速い」、「着底の確認が容易」、「小さく見せることができる」、「ねらったポイントに送り込むのが容易」、「沈下中にアタリが集中する」、「沈下中の不規則なアクションが絶妙」、「引き抵抗が小さい」など。

短所は「どの層を泳いでいるか把握しづらい」、「浮き上がりやすい」、「ミノーやスプーンのように派手に泳がない」、「根掛かりしやすい」、「塗装が剥がれやすい」など。

短所を長所に変えたり、あるいは補うには、前記の項目をパズルのように組み立てる。たとえば、「どの層を泳いでいるか把握しづらい」は、長所の「着底の確認が容易」を活かし、もう一度ボトムをとり直して底付近にいると思われる魚の鼻先にジグを近づけるといい。

「ミノーやスプーンのように派手に泳がない」は、タダ巻き時の比較を指すが、派手なアクションが必ずしも効くわけではないので、おとなしいナチュラルなアクションを活かしてスレた魚を誘ってみたい。

また、長所の「沈下中の不規則なアクション」を駆使し、腕や手首を使ってサオ先を跳ね上げ、ラインにタルミをつくりながら上げ下げの動作を繰り返し、上流から下流にエサ釣りの感覚で流すと「沈下中にアタリが集中する」につながってバイトが増えるかもしれない。

「根掛かりしやすい」は「浮き上がりやすい」を利用し、底がとれたと思ったらラインを張ってジグを跳ね上げ、浮上しすぎたと思ったら着底を繰り返すと根掛かりを軽減できる。「浮き上がりやすい」は、深場に沈めたいときは確かに短所だが、全体的に浅いポイントで飛距離を稼ぎたい場合は長所に変わる。

自分自身に原因があることもある。「どの層を流れているか把握できない」が原因になり、着底に気づかず底をズルズルと引きずっているうちに障害物に引っ掛かるケースは少なくない。根掛かりを少しでも減らしたければ、テール側のフックを外してスナップスイベル側に付けるのもひとつの手段。それにプラスにとらえれば、根掛かりが多いということは、それだけ底がとれている証拠。低活性で魚が沈んでいる状況下、ジグがハマるのは明らかだ。根掛かりか⁉ 魚か⁉ シグナルが伝わり、そう考えるのはハラハラして楽しいと思うのは私だけ？ ちなみに、前述したような組み立ては、どのルアーを使う際にも有効な作業。手持ちの

アジやメバルなど、ソルトの小もの用に開発された、タックルハウス『ショアーズジグ』で。細身ながら沈下速度が遅めのジグ

阿寒湖でジグのフォール中にヒットした、丸々と太ったニジマス。小型のワカサギにマッチした、岡クラフト『岡ジグLT-12』で（上）
湖沼型サクラマスは魚食性がとても高く、ジグは大好物らしい。この一尾は、低比重素材を用いたニュータイプジグでキャッチ（下）

Type_11 ジグ JIG

ルアーに当てはめてみて、より釣れる状況につなげられるようにしたい。

使いやすいタイプ

ジグの釣りにおいて、私の釣果が劇的に変わった一本がある。スミスの『フレーキー』だ。それまでの特訓の成果も虚しく、釣果が上がっても「釣った」というより「釣れちゃった」感が強く、納得できずにいた頃、ほかのジグよりも幅が広く、スプーンのような形状のフレーキーに興味をもった。

バス用のジグだが、使ってみると同じグラム数のジグに比べ、明らかに沈下速度がゆっくりめ。水中ではスプーンと異なる「ピラッ、ピラッ」と不規則に舞い落ちるアクションが印象的だった。それを見て、スプーンとジグのいいとこ取りをしたようなルアーに感じた。

このジグを使い始めてから、沈下中にアタリが集中することに気づいた。そこで、故意に沈下のタイミングを多くつくるとアタリが増え、効率よくポイントを探れるようになった。その後、残念ながら廃盤になってしまったが、フレーキーに似た沈下速度とアクションで数年前から愛用者が増えているのが、カスケット『ジャックガウディ』。このルアーは16、17、24g展開で、湖沼での人気が高いが、河川でも実績が高い。イトウ、アメマス、ニジマス、ブラウントラウトなど、魚種を問わず釣果が上がっている。

以前の私のようにジグが苦手という人は、リールを巻いてアクションを加えることに重きを置くのではなく、着底を確認しながら軽くシャクリ上げ、沈下中の数秒に意識を集中するメソッドをすすめたい。それがジグで釣果を上げる近道だろう。

土地柄?

●渓流でも使ってみよう

ジグが今のように定番になる以前、「道東だけでしょ？」、「アメマスなんて何でも食うから」という意見もあった。確かにトラウトの種類も魚影も多く、さらに湿原河川のような全体的に水深のあるフィールドは、ジグのような重たいルアーが有効な特殊なフィールドといえるかもしれない。

しかし、全国を見渡すと、港でアジ、メバル、カサゴ、カマスなどをねらうのに1g前後のジグがよく使われている。私も当初は湿原河川や河口、湖など比較的水深のある開けたポイントでの使用が多かったが、今では5g前後のジグで渓流を釣り歩くこともある。どんなルアーにもいえることだが、ジグも特定の場所に向いているのではなく、重さしだいでどんなフィールドでも使えるルアーだと思う。そうした流れが全国的に広がっているのか、前出のジャックガウディには渓流に対応する7gのダウンサイジングモデルが追加されている。

●水深チェックが容易なのも◎

私は、どんな釣り場に行くときも、ジグを必ずケースに入れている。その理由は、釣れるのはもちろん、水深を確認するのが容易であることが大きい。もうひとつは、捕食されているベイトが小さいときでも、ジグはそのシルエットに合わせやすいだけでなく、充分な飛距離を稼げるのも魅力。持っていると、いろいろ頼りになる。上手く使いこなせない人もお守りだと思い、ルアーケースに忍ばせておくことをおすすめしたい。

ところで、ほかのルアーに比べると動きがおとなしいと書いたが、最近のジグのなかには素材や形状、バランスの比率を変えたりして工夫を施し、一昔前のジグとは明らかに泳ぎが異なるものもある。低比重素材で作られたジグなら、食わせの間をつくりやすいうえ、「タダ

巻きでも、ジグってこんなに泳ぐんだ！」と驚くかもしれない。

最適タックルシステム

　ジグにはどんなタックルが向いているか？　これはルアーウエイトの範囲が、手持ちのロッドにさえ合っていれば、ベイトでもスピニングでも問題ない。ただ、ベイトのほうが底とりは容易でアタリが分かりやすいのは確か。いずれにしても、少々張りのあるロッドがジグの操作性は高い。軟らかく奇麗に曲がるロッドはバレにくい利点はあるものの、ロッド全体で加重や衝撃を吸収してしまうため、底に着いたときの「トンッ」という反応が明確に出にくい。さらに、そのまま放置すると、そのしなやかさで川底の枯れ葉や草、木などを拾いがち。つまり、張りのあるロッドよりも根掛かりが多発してしまう。

　ラインも同様に、柔らかすぎるものを使用すると、それだけ伸びやすいのでアタリや底の伝達能力は半減する。それゆえ、フロロカーボンやPEをすすめたいところだが、低水温期や冬はトラブルの原因になりやすい。PEにいたっては凍りつくという大きな弱点がある。そこで、底とりが容易なベイトタックルならよりしなやかなナイロン、スピニングタックルなら少し張りのあるナイロンラインを使うといいだろう。

張りがあり、ジグの操作性が高い、フィールドハンター『ロジックスーパートゥイッチャーボロン LST75HL』

近年は、写真のフィールドハンター『シー・ミッション』のような、ジグとスプーンのイイとこ取りをしたジグスプーンというカテゴリーも注目されている。このタイプはジグほど沈下速度が速くなく、食わせの間を与えやすいのが利点

通常はテールにフックを付けるが、根掛かりが頻発する場所では、ラインアイにフックを付けるのも一手

ラインアイにシングルフックを付けたシステムでヒットした良型。ベイトの多い河川なら11月でも、こんなグッドコンディションがねらえる

Vibration
バイブ
レーション

◆シーズン　春　夏　秋　冬
◆フィールド　渓流　本流　湿原　湖沼
◆難易度　★★★★★

水深のある釣り場から

河川のシーズンが後半に差し掛かると、それまでトップウオータープラグに水面を割っていた魚や、水面スレスレまでルアーを追いかけてきた魚も、あまり最盛期のような活性の高さを見せてくれない。ルアーのアクションも速巻きや表層での激しいトゥイッチは、日中の気温上昇時や比較的に水深の浅いポイント以外だと反応が悪い。水温が低下し、落ち葉が水中を流れる秋以降は、さらに底を意識した釣りを意識しなければならなくなる。

そんななか、本流や湖、湿原河川などで、低水温期にバイブレーションを使うアングラーが多くなっている。私がバイブレーションを使い始めたのは15年ほど前。最初の一本

11月中旬、トラウト用バイブレーションの先駆けといえる、バステイ『レンジバイブ』シリーズでキャッチしたアメマス。いい顔をしている

本流はもちろん渓流でも引いてよし、リフトしてよし！

日を追うごとに水温が下がり、魚が底に定位し始める頃、確実に底をとれるルアーが頼りになる。ヘビーシンキングミノーでもいいが、底に届けるのがより容易なのはリップを持たないバイブレーション。近年は渓流に適した50mm以下のサイズも増え、トラウトシーン全般で大いに活躍してくれる。

Type_12
VIBRATION

は、体高があっていかにもブラックバス用という感じのダイワ『TDバイブレーション』。当時はまだ、バイブレーションを使っている人は少なかったと記憶している。

「バイブレーションでトラウトが釣れる！」という雰囲気になったのは、ややスリムなシルエットで本州のサクラマス釣りで高実績を上げていた、バスデイ『レンジバイブ』の影響が大きいだろう。以後、トラウト用とうたうバイブレーションが登場し、北海道でもバイブレーションをローテーションに加える人が増えてきた。

沈みが速く、浮き上がりにくい

バイブレーションが早くから北海道で使われたフィールドは、おそらく道東の湿原河川だろう。全体的に水深のある湿原河川では、ある程度沈みの速いルアーが求められる。その点、バイブレーションはサイズの割りにウエイトがあるうえ、抵抗になるリップがなく、しかもボディーが薄いので沈下はじつにスムーズ。最低条件を難なくクリアしている。

もうひとつ、湿原河川を攻略するうえで頼りになるのが浮き上がりにくさ。水中で一定層をキープできれば、長く魚にアピールを続けられるからだ。この点でも、バイブレーションはじつに優秀。頭部でなく背中に付くアイにより、ルアーの浮上を最小限に抑えられる。

沈みの速さと浮き上がりにくさ。この2つの特性を兼ね備えたルアーは意外に少ない。なぜなら、リップが付くプラグ類は総じて浮き上がりやすいからだ。唯一例外といえるディープミノーは、長いリップで抵抗が大きく、沈みが遅い難点がある。沈みが速いといえばジグだが、流れを受けると浮き上がりやすく、何よりメタルルアーはリトリーブ時のアピール度が低いのがネック。

そんななか、バイブレーションはリフト＆フォールで縦の釣り、リトリー

渓流で欠かせない、50mmクラスのバイブレーション。フックがラインを拾うトラブルが少ないタイプが使いやすい

メタルバイブレーション、タックルハウス『ふるえる刑事』が、複雑な流れのポイントでいい仕事をしてくれた

細身のシルエットでトラウトを意識して開発された、デュオ『レフィーナ80L』は、以前から湿原河川で愛用している一本

ブで横の釣り、どちらもバッチリこなしてくれる。引いてよし、アクションを加えてもよし。これこそ、バイブレーションの最大の利点だ。

ところで、バイブレーションといえば、リトリーブ時の強烈な波動によるアピール度の高さに関心が集まりがちだが、私はそれよりもアクションと移動スピードに着目している。ほとんどのバイブレーションは、リトリーブすると派手すぎない規則的なアクションでトリッキーさはない。そして、超スロースピードからアクションを始める。それが動きの鈍い低活性の魚、底に張り付く大型魚に効く理由だと感じる。

切り札として使うわけ

●一番手には向かない

じつは昔、バイブレーションのよさがイマイチ分からず、ルアーケースに入っていても年に数回ラインに結ぶ程度の補欠要員だった。しかし、使い方、使う場所、使う順番を見直し、ここ数年は最後の切り札として出動回数が飛躍的に増えている。

私が切り札としてバイブレーションを投入することが多いのは、応用性の高いシンキングミノーでポイントの状況を探り、流れの複雑さや底の状況を把握してからミノーで届かない、あるいは探りにくいポイントに絞って使いたいため。この背景には、アクションを加えすぎたり、急なリフト&フォールをしすぎると、フックにラインが絡むトラブルが起きやすいのもある。つまり、パイロットルアー的に使い倒すと少々ストレスを感じるのだ。

リップ付きのミノーはいくら重いヘビーシンキングタイプでも、リップが付いている分、ヒラヒラまたはスパイラルしながら落ちていく。そのため、「ここで沈ませたい！」と思う場所で沈ませるのは、水深が深くなるほど難しくなる。ちなみに、フォール時のヒラヒラやブレードの回転が売りのスプーンやスピナーは、さらに着底地点が

Type_12 バイブレーション VIBRATION

【バイブ向きの好ポイント】

いくつもの岩盤がむき出しになり、ミノーだと探りにくいポイント。ここではラインブレイクしてしまったが、良型が数多く潜んでいた

対岸の護岸と私が立っている岩盤の間の深みは2m近くある。ミノーだとピックアップ時、手前の岩盤に根掛かりすることが多いが、バイブレーションなら心配ない。ここでは何尾も釣れた

多方向から流れが絡む複雑なポイント。昔、私が最も苦手とするタイプのポイントだったが、バイブレーションを使うようになってから好きになった

対岸のボサ下の深み。こうしたポイントでも、バイブレーションならピンスポットで沈めるのがイージーなのがグッド

流木が折り重なったポイントも魚の隠れ家になっている。しつこく探ってみたい。ここでは良型に切られてしまった……

泡溜まりは流化物が集まりやすく、水深があれば絶好の大型魚の隠れ家。こうしたポイントは少しねばる価値がある

【メタルバイブの注意点】

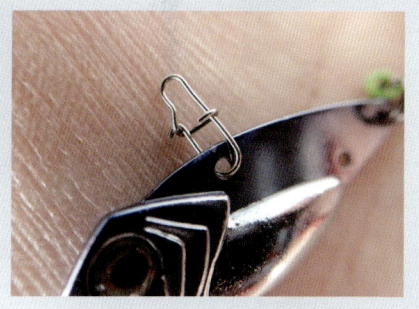

メタルバイブレーションは最初からスナップが付いている状態で市販されているものが多い

メタルバイブレーションの種類によっては、アイに入らないスナップもあるので要注意

右はメタルバイブレーションに付属しているスナップ、左は私が愛用しているクロスロックスナップ。どの種類のスナップも入るようにしてもらうと、メタルバイブレーションはもっと使いやすくなるのだが……

読みにくい。そんな理由から「ここで確実に沈めたい！」と思う際、バイブレーションに手が伸びるようになった。

宙吊り状態で落ちていくバイブレーションは自分の意図する箇所に着底させやすく、かつ不規則に落ちないのも強み。フォール中のアタリの多さと、フッキングのよさは、ほかのルアーと比較しても群を抜いていると感じる。リップがない分、枯れ葉など水中のゴミを拾いにくいのもグッド。

●こうして使う

どんなフィールドでも、キャスト後は確実に底をとる。ただ、根掛かりを回避すべく、小突かないようにしつつも、底を意識してあまり浮かないようにロッドティップを立てて調整する。このような操作で最初はリトリーブで探り、反応がなければリフト＆フォールを試す。こうして縦と横の誘いで広範囲を探る。なお、クランクベイトのように引き抵抗が強くないので、スピニングタックルでも使いやすい。これもバイブレーションの利点だ。

80㎜以下が無難

●根掛かり率は高い……

前述のように、底を確実に探れるのがバイブレーションの大きな魅力だが、裏を返せば根掛かりが多いのも事実。実際、バイブレーションの根掛かり紛失率は高い。ミノーならリップがある分、巻いているときはフックより先にリップが底を叩くだろうし、スプーンなら着底後は転がりながら流れるので意外に引っ掛からない。スピナーも大体同じことがいえる。しかし、バイブレーションは背中をラインで宙吊り状態になって落ちていくので、確実にフックから着底する。それに流れが加わると、飛行機の着陸のようにフックを引きずりながら底を這うので根掛かりしやすくなる。

当然、重くなるほど根掛かり率は高く、20ｇを超えるとフォールで食わせるのも難しい沈下スピードになる。そこで、購入する際はサイズよりもウエイトを重視したい。100㎜以上のサイズでも釣れるだろうが、ロングサイズはどうしても重くなる。私の場合、規模の大きいフィールドでも使用頻度が高いのは50〜80㎜。なお、沈下スピードを速くしたければ、小型のメタル素材を選ぶのも手。ラトルの有無にはあまりこだわっていないが、濁りが強ければ音はプラス要素になると考えている。

バイブレーションはリップがないので、ルアーが葉っぱを拾うトラブルを大きく抑えられる

激しいアクションはフックがラインを拾うトラブルが起きやすい。ルアーの性格に合ったアクションを心掛けるのも釣果を上げるコツ

●フックを選ばない

最近はバス用を中心に開発していたメーカーも管理釣り場用に力を入れていて、メタル素材や樹脂素材、ボトムに特化したタイプなど、多種多彩なバイブレーションが存在している。それらの大きさは30〜50㎜の一口サイズが大半。大規模なフィールドだけでなく、渓流でも目覚ましい活躍が期待できる。

装着するフックについては、ミノーのようにバランスを気にしなくても大丈夫。ベリーのフックを外して根掛かり回避仕様にしても、バランスが変わって泳がなくなるものは少ない。フックの自重もあまり影響しないので、好みのフックシステムで挑める。底に強いバイブレーションという引き出しを加え、低水温期を楽しんでみてはいかが？　きっと役に立つポイントがあるはず。

Joint Minnow
ジョイントミノー

◆シーズン　春　夏　秋　冬
◆フィールド　渓流　本流　湿原　湖沼
◆難易度　★

クネクネ＆ニョロニョロ
動きはまさに、ドジョウそのもの

北海道において昔も今も絶大な人気を誇るルアーのひとつが、ボディーが連結したジョイントミノー。ターゲットを問わない実績の高さの背景にはその独特なアクションがあるだろう。難しいテクニックは必要なく、ビギナーでも扱いやすいのも魅力だ。

ラパラとレーベル

ジョイントミノーといえば、ラパラ・ジャパンの『CDJ（カウント・ダウン・ジョイント）』を連想する人が多いに違いない。イトウを始め、アメマス、ニジマス、ブラウントラウトの大ものハンターとして知られるこのルアー、北海道では持っていないアングラーのほうが少ないのではないだろうか？　それくらい支持されているのに、何と、突然廃盤に……。そんな人気ルアーがなくなると知るや否や、店頭では愛好者による買い占め合戦が始まった。最初はカラーを選んで買っていた人も、最後のほうはカラーもどうでもよくなり、CDJであれば買っとけ状態。そうして、店頭から完全に姿を消した。その後は、ネットオークションで定価の倍以上の高値で売買されていたと聞く。

復刻を望む北海道のCDJフリークの熱い声が届いたのが2011年。90mmと110mmが限定ではあるものの復刻され、愛好者から歓喜の声が上がった。その後、70mmも復刻。北海道のフィールドで多用されていた3サイズが久しぶりに店頭に並んだ。しかし、限定復刻ゆえ、在庫は残り少なくなってきている。また買い占め合戦が始まるのだろうか？　いち釣り人としてはCDJの完全復活を望みたい。

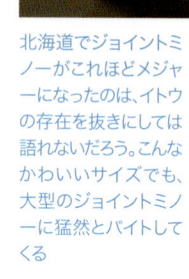

北海道でジョイントミノーがこれほどメジャーになったのは、イトウの存在を抜きにしては語れないだろう。こんなかわいいサイズでも、大型のジョイントミノーに猛然とバイトしてくる

ラパラだけでなくレーベルなど、北海道では海外製のジョイントミノーが古くから親しまれている。リアル系が多く、商品ムラの少ない日本製のミノーとは対照的に、左右の目の位置やカラーリングが不均一でも、それは"味"として愛され、今なお信頼され続けているのは泳ぎのよさにあるようだ。

集魚力が短所をうち消す？

●長いほどアピール大

サスペンドタイプも少なからずあるとはいえ、ジョイントミノーのタイプ

Type_13
JOINT MINNOW

060

はフローティングとシンキングが多い。ボディーは半分～2/3程度のところで連結されているタイプが一般的だが、なかには3、4連結タイプもある。リップの形状やウエイトの位置で変わるものの、連結部が多くなるほどヘビのようなクネクネとした泳ぎになるようだ。

また、全長が長いほど「よ、弱ってます……」というような、逃げ足の遅いモタモタとしたグネグネアクションでアピールし、いかにも釣れそうな動きを見せてくれる。そして、フローティングタイプほどクネクネというよりジタバタとしたアクションで泳ぎ出しは早いが、愛好者の間ではシンキングタイプの人気が高いようだ。フローティングタイプに板鉛を貼って強制的に沈めて使っている人もいるくらいだ。

魚が首振りやジャンプで抵抗しても、ボディーの連結部がその動きに対してフレキシブルに対応するせいか、通常のミノーよりもバラシが少ない。特にテールフックにフッキングしたときは、バラシ率がかなり低いと感じる

●バラシの少なさは◎

ジョイントミノーの長所を一言でいえば、タダ巻きで誰でもクネクネしたアクションを出せること。時折、ロッドアクションを加えてイレギュラーな動きを与えるのも効果的だが、ジョイントミノーはタダ巻きで充分なアピール力をもっている。また、ヒット後に魚がフックを外そうと首振りやジャンプで抵抗しても、連結部がその動きに対してフレキシブルに対応するせいか、特にテールフックに掛かったときは通常のミノーよりもバラシが少ないと感じる。

●短所が多いのに……

逆に、短所として挙げられるのは、キャスト時に飛行姿勢が安定せず、"くの字"になったり、回りながら飛んでいくので飛距離が出にくいこと。また、連結の可動域が広く、ロッドアクションを加えすぎるとフックがラインを拾ってしまい、ライントラブルを起こしやすいのもネック。さらに、ボディーがクネクネとよく動く分、流れの影響を受けやすく、思ったよりも沈まなかったり、上手く沈められても流れに負けて浮き上がりやすいジョイントミノーが少なくない。

こうしてみると、短所のほうが多く使いにくく感じるかもしれない。しかし、昔も今もジョイントミノーのファンが多いのは、そんな短所が気にならないほどの釣果を得ている人がたくさんいるからに違いない。フィールドを問わず奥の手や切り札として持ち歩いている人はとても多い。

ジャークで食ってきた。ロッドアクションを加えるとフックの絡みが気になるようなら、ボディーフックを外して使う

同行者といろいろなミノーで釣りあがったこの日、ニジマスは明らかにジョイントミノーに好反応を示した

ファットな体高が目をひく、ジョイントミノーでキャッチ。私の友人はこのミノーを切り札にしているらしい

ラパラ・ジャパン『CDJ』シリーズが、北海道のトラウトシーンに与えた影響は大きい。シングルフックに替えてバランスが気になるようなら、ボディーフックアイの近くにウエイトを貼るといい

フクドジョウはあちこちで見られる。時期や場所にもよるが、そのサイズは10cm前後が多い。栄養価の高さはウナギに勝るとも劣らない。トラウトにとってもご馳走に違いない

ジョイントだから釣れた！

　過去にこんな経験をしたことがある。中流域を2人で順番に釣り上がっているとき、私はフローティングディープとシンキングミノーをメインに使用し、同行者はシンキングミノーとシンキングタイプのジョイントミノーで釣っていた。ヒット数は大体同じくらいだったが、同行者がジョイントミノーを結んでいるときに限り、ねらい始めてからヒットまでの時間が早く、しかも良型がヒットする確率が高かった。

　私は当時、魚がいそうな位置にキャストでき、魚が定位している層にルアーが届きさえすれば、よほどのことがない限りどんなルアーでも食ってくると思っていた。ところが、その日、釣り上がる距離が長くなるほど、ジョイントミノーに対する反応のよさに驚き、ルアーのタイプで釣果が変わることを痛感した。それでも、天の邪鬼な私は、ジョイントミノーに変えず、もっと反応がいいものはないかと手持ちのルアーをあれこれ試した。が、どれもジョイントミノーには敵わない……。

　そして、散々私がねらったポイントに後から同行者がジョイントミノーを投入すると、一発で良型が食ってきた。やっぱり、ジョイントミノーが効いたのか？　その後、私も渋々？　ジョイントミノーに変えると、魚の反応はとてもよく、2人とも良型が釣れて楽しい休日になった。ちなみに、私が使ったカラーは同行者のそれとは違う。にもかかわらずヒット率が高かったのは、ジョイントミノーの動きやシルエットによるものだと考えられた。この出来事は釣りに対する考え方を見直す貴重な体験になった。

トラウト向けが充実

　北海道でジョイントミノーが変わらず支持されているのは、昔、イトウ釣りでドジョウをエサに使っていたのも関係しているのかもしれない。北海道にはフクドジョウという冷たい水を好む北方系のドジョウが生息している。「大ものを釣ったらドジョウを吐いた！」。そんな話はどの地域でもよく聞かれ、ノースアングラーズ誌でもドジョウにまつわる記事が何度も掲載されている。実際、私もニジマスを釣りあげた後、ドジョウを吐き出す光景を何度も目撃している。あの動きの鈍そうなニョロニョロした動きは、フィッシュイーターにとって捕食しやすい絶好のターゲットなのかもしれない。そして、ニョロニョロした動きこそ、まさにジョイントミノーそのものなのである。

　ところで、ジョイントミノーは北海道のトラウトだけでなく、バスやシーバスねらいでも人気がある。バスではビッグベイトと呼ばれるジャンルのなかにジョイントタイプが見られ、ガンクラフトの『ジョインテッドクロー』、エバーグリーンの『エスドライブ』などが有名。捜してみるとトラウト用より、バス用のジョイントミノーのほうが種類は多いだろう。しかし、平均150mm前後、自重40g以上が主流で、いかんせんデカすぎる……。トラウトねらいだとタックルはもちろん、魚種も選びそうで一般的ではないのが残念だ。

　しかし、ここ数年で選択肢は増えた。ラパラのCDJが廃盤になったのがきっかけかどうかは分からないが、各社からトラウトに使える新しいタイプのジョイントミノーが少しずつリリースされている。ニョロニョロ、クネクネ好きな北海道アングラーにとってはうれしい限りだ。

ダムの放水がある河川で、減水時に河原を眺めていると、取り残されたドジョウがちらほら……。こんなフィールドでは、ジョイントミノーの効果を体感できるはず

随分と太い魚だなと、気になってストマックポンプを入れてみると、出てきたのは……。アングラーの想像以上にドジョウは食われているのかもしれない

STEP UP LESSON 02

Over Head Cast オーバーヘッドキャスト

ロッドを後方に振り上げて投げるオーバーヘッドキャストは、最も一般的なルアーフィッシングのキャスティング。本流や湖沼など、遮るものが何もない場所や飛距離を出したい場面に向いている。まずはこのキャスティングをしっかりマスターしたい。

01
ロッドを前方に構え、ラインを利き手の人差し指に掛けてリールのベールを起こし、キャスト動作に入る。このとき、ルアーの垂らしは開けたポイントや遠投したい場合は長めに、近距離やコントロール重視なら短めにする（写真はスピニングタックル）

02
01から後方にゆっくりとロッドを立てていく。ただし、軽いルアーだとルアーの重さでロッドが曲げにくい。その場合は、逆に速い動作で振り被り、その勢いを利用してロッドを曲げてキャストすると飛距離を稼げる

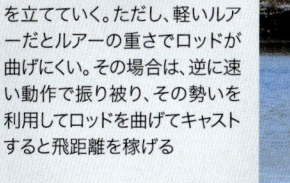

03
ロッドの先端を10時方向まで傾け、ルアーの重さを感じながら素早くロッドを曲げる。このとき、グリップエンドを下手で身体に叩き付けるように引くと、さらにロッドを曲げられて遠投しやすい

04
ロッドが曲がり、バットが12～1時の角度まで来たら、ラインをリリースする。このとき、硬めのロッドは12時近い角度で、逆に軟らかめのロッドは1時近い角度でリリースするとルアーを真っすぐ飛ばしやすい

05
ルアーの飛んで行く角度を目で追いながら、リールから放出されるラインとサオ先が平行になるような角度にするとガイドとラインの摩擦抵抗が抑えられ、ちょっとの差かもしれないが飛距離をより稼げる

06
ルアー着水後はロッドを少し持ち上げ、ラインを張った状態でリトリーブを開始すれば、後のライントラブルが軽減できる

Big Minnow
ビッグミノー

◆シーズン　春　夏　秋　冬
◆フィールド　渓流　本流　湿原　湖沼
◆難易度　★　★　★　☆

Type_ 14
BIG MINNOW

大型魚にとどまらない
ビッグ&ロングサイズの威力

大きい、あるいは長いミノーで釣るとなぜか不思議な満足感があるものだ。私も昔、ビッグサイズで釣りたいと願ったが、なかなか現実は厳しかった……。では、価値ある一尾に出会うコツとは？　デカミノー使用時の注意点も含め、試行錯誤の歴史を振り返ってみたい。

デカミノーとの出会い

　道東に住む私にとって、ほぼシーズンを通じて遊んでくれるアメマスの存在はとても大きい。この魚のおかげで自分の釣り人生は大きく変わったと思っている。さらに、国内最大の淡水魚イトウをねらえる川も身近にあり、釣りに対する探究心は増すばかりだ。クルマの免許を取って自由に釣りに行けるようになると、私の釣り熱はさらにヒートアップ。そうして毎日のように釣行を重ねていたあるとき、ちょっと刺激がほしくなった。

　そんな時期、アニメのキャラクタールアーや、お世辞にもほしいとは思えないふざけたルアーばかりで楽しんでいる方と釣りをすることになった。その方は、口癖のように「魚の形をしているルアーはエサ、釣れて当然。皆が敬遠するルアーで釣ってこそ、一尾の満足度は高い」と言っていた。正直、かなり偏った意見だが、皆が選ばないルアーで釣って「魚に失礼」とか「釣りをなめてる」と周りに言われても、彼にとっては最高の誉め言葉のようだった。そんな光景を見ているうちに影響を受け、私も常識にとらわれない釣りをしたいと思うようになった。

　自分自身の釣りに対する常識の壁を破るべくショップで物色していると、いつも使っているルアーサイズより大きめのディープミノーが目についた。パッケージは埃で汚れて売れている気配はないが、「デカいアメマスとイトウにはいいかも。これなら使っている人も少ないだろう」と感じた。これが、デカミノーとの出会いだ。

河川の基準は昔のまま？

　河川の規模や魚のサイズにより、使うルアーの大きさや重さを決めている人は多いに違いない。ミノーだと渓流で50mm前後、中流域で60〜70mm、本流域や遡上魚ねらいで80〜90mm。これが一般的な基準サイズのようで、100mmを超えるミノーを使う人はかなり少ないようだ（ただ、1mアップも夢ではないイトウねらいだとサイズアップし、100mm以上のミノーが普通に使われ、なかには200mm近いバス用のビッグベイトを愛用している人もいる）。

　しかし、海のアメマスやサクラマス、あるいは湖では100mm以上のミノーは当然のように使われ、前者で120〜170mmのロングミノーが効くのは今や北海道の常識。一方、河川におけるルアーサイズは、まだ昔の基準が根づいている。しかし、デカミノーは海や湖だけでなく、河川でも威力を発揮してくれる。

釣れないと思うと釣れない

　私が河川で初めて大きいといえるミノーサイズを使用したのは110mm。この大きさで魚を釣るまで、思いのほか

このサイズのアメマスでも、100mm以上のミノーを果敢におそう。「この釣り場では大き過ぎる？」と思っているのは、アングラーだけかもしれない

現状を打破するには、思い切った作戦が功を奏すことがある。
その一手として、大型ミノーを投入する価値は充分だ

き、ある程度の達成感を覚えると「川では何cmまで釣れるのか？」という疑問が生まれた。その数年後、200mmで釣ることができた。

魚食性だけじゃない

●排除行動？

いろいろなルアーサイズを使っていると、100mmのミノーに15cmくらいのヤマメが背掛かりしたり、150mmのミノーに同じくらいのサイズのイワナの尾ビレが掛かったりすることがあった。最初のうちは単なるスレ、もしくは泳いでいるうちに運悪く引っ掛かってしまったのだろうと気にしていなかった。

が、デカミノーを試すようになって小型魚のスレ掛かりが増えたと思い始めたあるとき、水が澄んだ渓流で捕食というより、ミノーに向かって体当たりするような小型魚のアタックを見た。その理由は断定できないが、縄張りに入ってきた邪魔者に対する排除行動と思われた。そんな性格を有しているなら、ターゲットに食欲がなくても、デカミノーはどこでも効果的だろう。また、これまで、デカミノーを使ってきて、やはり相当な集魚効果があると感じている。同行者数人と釣行したとき、最後からデカミノーで釣り歩いた私が一番ヒットしたこともあった。

●フックは2本で大丈夫

北海道の河川でデカミノーが注目された背景に、ノースアングラーズ誌で掲載されたD-3カスタムルアーズ代表・福士知之さんの記事があるだろう。福士さんは記事内で、渓流のニジマスねらいで120mmのデュオ『タイドミノースリム120』で釣果を上げている。「渓流で12cm!?」と驚いた人は多いはず。これに影響を受けて120mmクラスを使ってみて、私の周りでいい思いをした人はけっこう多い。釣れな

時間が掛かった。というのも、これは釣りスタイル？に大きな問題があった。なにせ、10分と同じルアーを使い続けられないのだ……。デカミノーで釣りたいという意気込みはあるものの、好ポイントで釣果が出ないと、すぐに実績ルアーに手が伸びてしまう。それでは、なかなか釣れないのは明らか。一日の釣りを振り返ってみると、デカミノーを使った時間がものすごく短かったことに気づいてくやむ。そんな釣行を繰り返していた。当時、私はまだ若く、たくさん釣りたいという気持ちをおさえきれなかったのだ。

あるとき、魚を釣ったことのある100mm以下のミノーすべてを自宅に置いて釣りに出掛けてみた。そして、いきなり110mmから使うのではなく、100mmから使い始め、それで釣れたら5mm〜1cmずつルアーサイズを上げていく方法で臨んだ。

その日、いつもなら1時間もしないうちに追いや反応が見られる場所なのに、2時間経過してもヒットしない……。「やっぱり、デカミノーだとダメなのか」。そう心が折れそうになったとき、対岸付近で待望のアタリがあり、巻いていたリールがグッと重くなった。"デカミノー＝デカイ魚"という図式が勝手にでき上がっていたので、フッキング動作に力が入り過ぎ、強引なファイトでリールを巻く。と、気づいたときには魚が岸近くまで寄っていた。そこにいたのは40cmに満たないアメマス。期待していたサイズには遠く及ばなかったとはいえ、むしろこのサイズが釣れたことで100mm以上がデカイと感じていたのは自分だけなのだと吹っ切れた。それから、徐々にミノーサイズを上げてい

くても「デカいのが追ってきた！」という話はちらほら聞かれた。デカミノーは魚をひきつける何かをもっているのは間違いない。

欠点はフックが3本付いているものが多いことか。140mmを超えるルアーに3本はまだ分かるが、それ以下は2本で充分。私の場合、中央のフックを取り除き、ガン玉のBBか3Bを1つぶら下げている。泳ぎは3本装着時とさほど変わらず、フッキング面でも不満を感じない。もうひとつ欠点を挙げるとすれば、かさばるのでたくさん持ち歩けないこと（笑）。

●タックルはご用心

デカミノーを使うにあたり、ひとつだけ注意したいことがある。特に渓流では、ロッドに表記されているルアーウエイトよりオーバーする場合がほとんど。渓流でフルキャストすることはないと思うが、手首を使った素早いキャストもロッドに負担を掛けてしまう。ロッドを破損しないよう、ゆったりとした動作でキャストすることを心掛けたい。

私がベイトタックルを使用する理由のひとつに、デカミノーをストレスなくキャストできることがある。ベイトタックルを片腕にすることで、より大きいルアーサイズを使用でき、釣りの幅が広がるはず。ちなみに、私のデカミノーによる最大魚は、175mmのミノーで釣れた82cmのイトウ。この記録を超えられる日がくることを願い、焦らず急がずデカミノーで楽しみたい。

渓流で一般的な50mmクラスと130mmのミノーを並べてみると……。水中での存在感はかなり違うだろう

Type_ 15

EGG PATTERN

Egg Pattern
エッグパターン

◆シーズン	春	夏	秋	冬
	○	△	◎	○
◆フィールド	渓流	本流	湿原	湖沼
	○	◎	○	△

◆難易度 ★★★☆☆

秋〜冬のゴチソウを模す
サケ遡る川では必携

秋〜冬、フライフィッシングではすでにパターン化しているエッグの釣り。そんなエッグパターンをルアーフィッシングで実践するのは可能か？トレーラーとは違う、ルアーらしい釣り方で追及してみた。

サイズは大きくないが、同じポイントから立て続けにアメマスを導いてくれた、アングラーズシステム『バックス』のTYカラー。5.1gと6.5gを水深に応じて使い分けることが多い

アングラーズリパブリック『アンレーズ ハルパーパイプ』は、エッグイーターからの反応がグッド。何を投げてもダメなときでも、コレだけは興味を示すことがある

無防備な
栄養たっぷりの塊

サケやマスが産卵のために遡上してくると、川で生活している魚は秋の恵みに預かる。ウグイを始め、我々が追い求めるアメマスやニジマスなどの大型トラウトも、この時期になると胃の中はサケの卵で満たされていることが多い。特に産卵を終えて痩せ細ったアメマスにとって、体力を回復させるためにサケの卵は大切な栄養源になっているはず。

フライフィッシングでは、鮭鱒の卵を模したフライでアメマスやニジマスをねらうのは、すでにパターン化されている。それがハマったときは、1ヵ所のポイントで入れ食い状態になり、笑いが止まらないくらいの釣果を叩き出すこともある。秋〜冬、川ですれ違うフライフィッシャーを見ると、色や大きさはさまざまでも、球状のフライでねらっている人が少なくない。なかには、このフライを邪道といって否定する人もいるが、何だかんだフライボックスに忍ばせているもの。それくらいエッグパターンは魚の反応がいい証拠だ。

ご存じのとおり、イクラは渓流のエサ釣りでポピュラーなエサとして季節を問わず使用されている。卵から孵化した鮭鱒の稚魚はしばらくの間、さいのうと呼ばれる栄養の入った袋をお腹にぶら下げ、数ヵ月はエサを食べずに育つ。ということは、卵そのものが濃縮された栄養の塊みたいなもの。魚卵を捕食する魚は、卵が栄養たっぷりであることを本能で分かっているのだろう。

そして、卵は水底から離れて流されてしまえば、逃げることも隠れることもできない。捕食する側からしてみたら、ラクに高カロリーのエサを摂取

できるわけだ。つまり、水温が低下して魚の活性が低いと考えられる秋以降、卵は絶好の捕食物といえる。

ルアーで模すのは難しい？

ところが、ルアーアングラーの間では、フライフィッシャーほど卵を意識して釣っている人が少ない。というより、あまりにサイズが小さすぎ、卵を模したルアーがほとんどないのが実際のところ。仮にあったとしても直径10mmに満たない卵サイズのルアーでは沈ませるのはおろか、飛距離を稼ぐのもひと苦労。

なかにはエッグパターンに着目し、スプーンやミノーの本体にラインを付け、エッグフライを結ぶトレーラーというねらい方で釣果を上げている人もいる。だが、なかなか定着しそうな雰囲気はない（私も子どもの頃、この方法で釣りをしたことがある。頭の中がサケの卵一色になった魚に、とても反応がよかったのを思い出す）。

トレーラーなら釣れるのは分かっていても、やはりスプーンやミノーなどを駆使して釣りたいのがルアーアングラーの本音。ルアーアングラーはサケの卵を偏食している魚を目の前に、フライフィッシャーがボコボコ釣っているのを、指をくわえて見ているしかないのだろうか？

トレーラーが釣れる理由

フライフィッシングも楽しむ私なりにいろいろ試行錯誤してみたが、卵にスポットを当てたねらい方は、今のところ明らかにフライやエサに分がある。そのため、どうしても誰よりも疑似餌で釣りたいと思っているアングラーには、フライフィッシングを始めることをおすすめしたい。きっと釣れな

ハルシオンシステム"ティグリス デンス"は50mmや60mmサイズがよく知られるが、37mmもいい仕事をしてくれる。エリアカラーはエッグっぽい色が多いのも魅力だ

このルアーはクランクベイトだが、水中に入ると適度な透明感と浮力により、巨大なイクラに見えなくもない!?　スミス"カミオンDR"で釣った40cmオーバーのニジマス

ここ数年、ルアーとフライで釣り比べている。やはり、エッグフライは釣れる。はたして、エッグフライに勝るルアー戦略とは？　それが近年、私のひとつの課題になっている

067

10月下旬の釣行時、水温は早朝で3℃、日中で6℃。明らかに日中のほうが、魚の反応はよかった

Type_15 エッグパターン

EGG PATTERN

こんなグッドサイズの魚影が見えているのに釣れない……。サケの亡き骸が見られる河川において、そんな状況に遭遇したらエッグパターンを試したい

い問題はすぐに解決できるだろう。でも、それを言っちゃ〜、おしまい。ルアーで悪あがきしたい。そこで、フライやエサが、どうしてあれほど釣れるのかを考えてみたい。

まず、フライもエサも、実寸または実寸に近い大きさ（エサにいたっては本物）なのが釣れる理由のひとつに違いない。また、重さも限りなく本物に近いことから、水中での姿勢や流れ方も本物らしい動きになっているはず。

フライフィッシングで釣っていて分かったことだが、流れが緩く魚が群れている場所ほど、ビーズヘッドやガン玉などのウエイトで強制的に沈めたエッグフライと、フックとラインの重さだけでゆっくり沈めたエッグフライとでは、後者のほうが断然反応がよく釣れ続く時間も長かった。たぶん、沈下速度や捕食対象物の漂い方により、トラウトの食欲や好奇心が大きく変わってくるのだと思う。

とはいえ、それは魚が見えているからこそ可能なねらい方。魚が見えなければ川の流れを読み、速さや深さを考える必要がある。そんな通常の釣り方では、ウエイトを付けないで沈めると時間が掛かり、効率のよいねらい方とはいえない。

いずれにしても、大きさと比重の軽さという2つの項目は、ルアーで表現しにくい。だが、明らかに釣果に差が出る要因だと感じる。この2項目をルアーでクリアしようとしても、前述したように卵の大きさにルアーサイズを合わせるのは現実的ではない。仮に大きさが同じくらいで飛ばせるものがあったとしても、実際の卵の何倍も重くなり、本物の卵とは異なる流れ方になってしまうだろう。

その点をふまえると、トレーラーが釣れる理由が納得できる。エッグフライを付けていれば大きさの問題をクリ

フライは大きさや色、透明感、食感など、絶妙な製作材料のバリエーションが豊富にある

アしているだけでなく、ルアーのおかげで飛距離を稼げ、沈ませることもできるからだ。ルアー本体からラインが伸びているだけに、水中を流れるときはエッグフライ本体にルアーの重さが掛からず自然に漂ってくれる。フライフィッシングに近い流れ方をしているので食いがいいのだろう。となると、やはりルアー単体で釣るのは厳しいのか？　そう思ってしまうが、決して打つ手がないわけではない。

カラーは似せてみる

なぜ、フライやエサだと、たくさん釣れるのか？　そう考えたとき、ルアーとの違いをみつけ、それを少しでも両者（フライフィッシングとエサ釣り）に近づける、または意識して釣りを展開すると、全く違う結果が出ることがある。

エッグパターンに関しては、大きさを本物に合わせるのは難しく、肉厚スプーンやヘビーシンキングミノーなど、小さく重いルアーを選ぶしかない。重さについては、こちらも真似ることはできないものの、卵に近い沈下速度に近づけることは可能。たとえば、スプーンやスピナーなど、浮き上がりやすいルアーの特性を活かしたり、サスペンドミノーやスローシンキングミノーなどを駆使して漂わせるという演出は不可能ではない。

ルアーは動かす（泳ぐ）ことを前提に作られているものが多く、形状はある程度決まってくる。そのため、卵のようなシンプルな形をルアーで表現するのはかなり難しい。であるならば、可能な限り卵っぽいカラーを使い、使う側がイクラだと思ってルアーを操作したい。

スピナーのなかには、パーツの中にエッグともとれるプラスチックビーズや、イクラカラーに着色された球状の金属が装着されているものがある。「卵らしきものを使っている」というだけで、アングラーは「このルアーな

サケの遡上が増えてくる秋以降、産卵場周辺に卵を食べに移動している魚が少なくない。魚は流芯脇の緩い流れのなかにいることが多い（左）当たり前だが、卵は流れに逆らって移動することはない。そのため、ルアーにはアクションを加えず、アップにキャストして流すのが基本（右）

サケの遡上が多い河川こそ、エッグパターンがハマるのはいうまでもない。しかし、ダムなどの人工物のせいで、自然産卵がまともに行なわれている河川は人間が思っているよりも少ない

Type_15 エッグパターン

EGG PATTERN

ら釣れるはず」と自信をもてる。

また、フライフィッシャーのエッグカラーを見ていると、イクラらしいサーモンピンクを使う人もいれば、アメマスの定番カラーであるチャート系でバタバタ釣っている人もいる。なかには、受精しなかった卵は白く白濁することに着目し、それをイメージしたホワイト系カラーを使う人もいる。ルアーの場合、フライのように実寸サイズを使えないハンディキャップがある分、せめてカラーだけでも似たようなものを選びたい。実際、オレンジや薄ピンク、ホワイトなど、イクラに似ているカラーは実績が高い。

動かさないという操作

そしてもうひとつ、アクションを加えないねらい方がいい結果を導くこともある。ルアーはどうしてもリールを巻いたり、ロッド操作でアクションを加えてみたくなる。しかし、卵は水中を流れる木の葉やゴミと一緒で、ただただ流れに逆らわずに流されるだけ。フライフィッシングやエサ釣りでも、流れと同調させて底付近を流したほうが圧倒的に釣れる。これをルアーフィッシングでも実践してみたい。

ルアーアングラーにとって、リールを巻かない、ロッドアクションを加えないことは、慣れないとちょっとした罰ゲームかもしれない。が、ときには静の誘いが必要な場面もある。とはいえ、ただ投げて巻かず、ルアーを動かさないでいると、沈むルアーだと根掛かりしてしまう。フローティングタイプだと水面に浮いているだけで釣れない。

動かさない、巻かないというのは、あくまで魚がいるであろう層にルアーが到達した際、あまり派手なスピードで回収巻きをしたり、トリッキーな動きをさせないということ。ルアーが底付近まで到達したら、フローティングタイプはある程度のテンションを保ちつつ、浮き上がらないように流す。シンキングタイプはラインを張らず緩めずの操作を繰り返し、なるべく底を這うように流すことを心掛けたい。

特にヒット率が高い、アングラーズリパブリックの『ハルパーバイブ』は、タダ巻きでバイブレーションのようなアクションを見せる。しかし、エッグパターンとして使うのであれば、上流にキャストして着底させた後、転がすようにただ流すだけのほうが釣果はよかった。実際、ハルパーバイブで釣った一尾は、流芯脇を流している途中にラインが止まり、次の瞬間に水中でギラッと魚体が光ってルアーを食ったのが分かった。ガツンとロッドが曲がるようなアタリは出ず、ラインでアタリを取るという術を教えてくれるルアーだ。「いるのに食わない」、「何をやってもダメ」。そんなときは、動かさないことに徹してみたい。

視認性の高いラインで

道東の湿原以外の開けた河川において、エッグを意識してニジマスやアメマスをねらう場合は、6〜7フィート半のウルトラライト〜ライトクラスの軟らかめのロッドが適しているだろう。エッグをイメージしたルアーのなかには、1g前後のものもある。それを少しでも投げやすくするには、前記したくらいのロッドが使いやすい。

私はそれほど大もの志向ではないので、サイズが小さくても一尾一尾とのやり取りを楽しめる、しなやかなロッドが年々好きになってきた。とはいえ、最近はしなやかなロッドを捜すのが困難。ルアーアクションを重視したロッドがほとんどで反発力が強く、ミディアムライトクラスになると「バスロッド？」と錯覚するくらいのものもある。そのため、ウルトラライトやライトクラスくらいが、ひと昔前のミディアムライトやライト程度に感じて使いやすい。管理釣り場用のトラウトロッドでない限り、ティップが軟らかくてもバットはしっかりしている。ファイト時は魚と一緒に下りさえすれば、意外なグッドサイズがヒットしてもランディングできるはず。

ラインは河原があればナイロンの6〜8ポンド、またはPE0.8〜1号にナイロンのショックリーダー8〜10ポンドのシステムが適当。ところで、ナイロンとPE、どちらにもいえることだが、前述のようにラインでアタリを取ることもあるので、蛍光色など視認性の高いカラーを選ぶのがおすすめ。

エッグパターンは秋〜冬にかけてのイメージが強いが、これは3月末に釣ったアメマスの胃の内容物。エッグが通用する時期は意外に長いのだ

ショップでスピナーを見ていると、イクラっぽいビーズや球状の赤、黄色の金属を使っているものが目立つ。この手のタイプは試す価値がある

STEP UP LESSON 03

Side Hand Cast
サイドハンドキャスト

対岸の頭上に樹木が覆い被さるなか、ボサ際や巻き返しなど、わずかなスポットにルアーを投入することが多い渓流では、オーバーヘッドキャストだけだと攻略できない。自分の左右どちらに障害物があっても対応でき、かつコンパクトにロッドを振れるサイドハンドキャストとフリップキャスト（P75で紹介）ができるかどうかが渓流を楽しむうえで重要だ。

01
ルアーの垂らしをゼロにするとコントロール重視。5cm前後の垂らしを取ると、軽量ルアーがキャストしやすくなる。ロッドティップの位置を時計の針の12時とすると、ここより4時から5時の方向に手首を利用してロッドを曲げる。それなりにウエイトのあるルアーは重さだけでロッドを曲げられるが、軽いルアーは動作を素早く行なわないと曲げられず、反発力を活かせない

02
ロッドの曲がりが頂点に達すると、矢印方向にロッドティップが返ってくる。ティップが3時くらいの位置に来たら、親指をスプールから離してリリース体勢に入る

03
ロッドティップをキャストしたい方向に向け、ルアーとラインにブレーキが掛からないように心掛けることで、スムーズにルアーが飛んで行く

04
ルアーが着水するまでは、親指を離した3時付近から、徐々にロッドティップを頭上より高くしていくと、ルアーの飛距離を伸ばすことができる。また、スプールから放出され続けるラインのタルミが取れ、バックラッシュの防止にもつながる。ルアーを着水させたい位置に来たら、親指を完全にスプールに押し付け、ブレーキを掛けてキャスト終了

Salmon Baby Pattern
サケ稚魚パターン

- ◆シーズン 春◎ 夏△ 秋× 冬◎
- ◆フィールド 渓流◎ 本流◎ 湿原◎ 湖沼◎
- ◆難易度 ★☆☆☆☆

サイズとカラーは合わせるべき？
小さい春、みーつけた！

春の川で釣り人を釘づけにするのは本命のビッグトラウトのほか、スモールサイズのサケ稚魚だろう。早いところでは2月から現われ、7月に入っても食われていることがある。サケ稚魚を意識した釣りでは、ときに激しいボイルが起こり、アングラーを夢中にさせる。

ヘビーシンキングながら、ゆっくり巻いてもよく泳ぐ、スミス『D-インサイト44』は私的必携サケ稚魚パターン（上）
サイズは50㎜前後で、サケ稚魚のようなパーマークの入ったミノーがパイロットルアーとして活躍してくれる（下）

意外に長いシーズン

ルアー＆フライフィッシャーにとって、春のキーポイントになるベイトといえばサケ稚魚だろう。北海道のサケ・マス増殖事業の縮小が原因なのか、川によっては昔より稚魚の群れが少なく感じる地域もある。それでも、サケ稚魚をねらう魚たちにとっては一大イベント。そして、我々釣り人にとっても楽しみなシーズンだ。

北海道は面積が広いので一概にはいえないが、私が住む道東圏の川でサケ稚魚がよく見られるのは4～5月中旬。卵が産み落とされた時期、または水温や川の規模により、サケ稚魚が発生する時期と流域は変わってくる。道南や道央圏はさらに早く、残雪が見られる春先に海へ下りる群れもいる。地域は違っても、産み落とされた卵は約2ヵ月でふ化するのが普通。しばらくは川底に作られた産卵床

Type_ 16
SALMON BABY PA

護岸ブロックはアメマスの隠れ家でもあり、サケ稚魚の休憩場所。特に丹念に探りたいポイントだ

と呼ばれる、流れの緩やかなくぼみの中であまり泳ぎ回ることなくじっとしているようだ。

その時期の稚魚はさいのうと呼ばれる栄養の入った袋をお腹にぶら下げ、それを吸収しながら1ヵ月半近く過ごす。この頃はまだ泳ぎが下手で、流されれば逃げる遊泳力はなく、捕食者にとっては格好のエサといえるだろう。お腹の栄養がなくなってくると泳ぎは上手になり、自らの力で食べ物を見つけながら少しずつ川を下って海に旅立って行く。そうして自力で泳ぎ始める頃が、ほかの生き物から最もねらわれやすい。

一般的にサケ稚魚を意識した釣りは、春の釣りという印象を受ける。だが、道東の河川だと7月上旬に海から30km以上も離れた上流域でも、大量のサケ稚魚の群れを見ることがある。生まれた時期が遅く、流程の長い川ほど、長期に渡ってサケ稚魚を意識した釣りが楽しめる。

70㎜だと逃げ回る……

ある年の3月中旬、サケの遡上が見られる雪代の影響が少ない河川に出掛けたときのこと。道東では、人工ふ化のサケ稚魚の放流は4月以降が多いようだが、自然ふ化の個体ならちらほら確認できる。この日は、アメマスの魚影が多いであろう、河口から10km以内の範囲に的を絞った。

川に着くとかなり減水していて、水質は澄み切って苦戦が予想された。広範囲を釣り上がるしかなさそうだ。クルマを停めた場所から500mほど歩き、ようやく深みを発見。流れは緩やかで障害物はないが、深みに2尾のアメマスが見えた。1尾は60cm前後、もう1尾は40cm前後。ヒレを動かすことなく川底にじっとへばり付いている。まずは反応をうかがうのに、70mmクラスのディープミノーをチョイス。そして、アメマスに気づかれないよう、かなり上流にキャストし、一気に潜らせて魚の鼻先近くを通す。

大きいほうのアメマスの上流1mほどをミノーが通過したとき、一目散に下流に向かって逃げだした。40cmクラスのアメマスも後を追うように逃げる。その後、最初に定位していた上流に戻って行った。見える魚は釣れないというが、あまりにも丸見えすぎな2尾は、相当釣り人にねらわれているのだろう。まるでルアーという存在を認識しているような逃げ方だった。ダメもとでもう一度キャストするが、今度はルアーが着水しただけで逃げ回る始末。この2尾はあきらめて上流をめざす。

と、股下くらいの水深の場所に細い倒木が横たわり、10尾程度の群れが倒木に寄り添うように休んでいた。先ほどと同様、底にべったりと張り付いてヤル気は感じられないものの、今度は脅かさないようにミノーを50mm台のサケ稚魚サイズに落とす。運よく1投目から倒木に添うようにうまくミノーが流れ始めた。すると60cm弱のアメマスが流れてくるミノーを「スゥ〜」と吸い込むように静かに捕食。サケ稚魚の釣りでは、ミノーのサイズが重要だとあらためて実感した。

虫はプラスにとらえる

それからは何もない時間が続き、正午に差し掛かろうとした頃、気温が上がり喉も渇いてきたので昼飯を食べることにした。河原はまだ雪に覆われているが、よく見ると何やら雪の上に無数の虫。この時期、大量に発生する水生昆虫のクロカワゲラで、アメマスの捕食対象になっている。そのほか、ユスリカの姿もある。これらが出始めるとフライフィッシャーはワクワクする一方、アメマスが偏食しだすとルアーアングラーにとっては厳しい状況になる。

しかし、この虫たちはサケ稚魚のエサでもある。水面近くまで出てきて

河口域はシーズン終盤のステージ。干満差で釣果は変わってくるが、潮が適度に動いているのが望ましい

水族館で観察してみよう

さいのうをぶら下げているサケ稚魚。この頃は泳ぎが得意ではない

お腹の栄養がなくなるまでは、水底で流されないようにしている

お腹の栄養がなくなると自らエサを取って海に旅立って行く

ライズを繰り返すくらい、サケ稚魚は無我夢中で食べる。そんなサケ稚魚をアメマスが見過ごすはずはない。ルアーアングラーにとっても、この虫が出てくることはプラスなのだ。

釣り上がって行くと、古い護岸のエグレの上にヤナギが覆い被さった場所にたどり着いた。「ここはいるでしょ!?」と独り言をいいながら下流側からそっとねらう。ポイントを潰さないようにサケ稚魚サイズのヘビーシンキングミノーをチョイス。底をとってからゆっくりと単発のトゥイッチを加えながら巻いてくると、ルアーの後方から2尾のアメマスが追いかけてくるではないか。そのタイミングで一瞬ミノーを沈めてから、リールを素早く1回転させると反射的にバイトしてきた。

その後、最大で67cmが出たが、魚が興味を示したのはすべて小型サイズのミノー。試しに魚影の多いポイントで徐々にルアーのサイズを上げていくと、サイズが大きくなるにつれて魚の反応が悪くなり、80mmクラスになると群れ全体がパニックを起こした。サケ稚魚の時期は、"マッチ・ザ・ベイト"を意識した釣りが基本と考えたい。

軟らかめのロッドが◎

●ねらうポイント

渓相によって好ポイントは変わるが、サケ稚魚はそれほど力強い泳ぎをせず、流芯脇の緩流帯やプール状の緩い流れに群れていることが多い。サケ稚魚の群れの近くには、それを捕食するトラウトが近くにいると思って釣りをしたい。なぜなら、サケ稚魚に付かず離れずで微妙な距離を保っていれば、お腹が空いたときにすぐにおそえるに違いない。魚だって無駄な労力をかけず、効率的に捕食できるのに越したことはないはず。この釣りは好ポイントを捜すより、サケ稚魚を見つけるのが釣果への近道といえるかもしれない。

●カラーとサイズ

サケ稚魚カラーといえば、ブルーバックのパーマーク柄や50mm前後のヤマメカラーを選ぶ人がほとんどだろう。確かにそれが基本になるが、なぜかマッチさせないほうが吉と出ることもある。カラーはリアル系とアピール系、両方を用意したい。

ところで、カラーとシルエットを合わせても食わないときは、あえて大きくするのも一手。トラウトが群れを追いかけている場合、1尾に的を絞っているというより、待ち構えて群れ全体に突進しているとも考えられるからだ。ただ、前述の釣行時で魚が逃げ回ったように、これは最終手段である。

●適合タックル

川の規模によって適したロッドの長さは違ってくる。大型魚が望める小〜中規模河川であれば、手返しのよい5フィート6インチ前後がベター。一方、河口域や本流など遠投が必要なフィールドは7フィート以上を選択する。いずれにしても、ロッドの硬さに気を遣いたい。なぜなら、小型ミノーは軟らかめを使うことで飛距離を稼ぐことができるため。

ラインシステムはPE0.8号＋ナイロン10ポンド前後。メインラインをナイロンにする場合は、対象魚のサイズにもよるが8ポンド程度を巻きたい。さらに細くしたほうが小型ミノーは扱いやすいとはいえ、万一のビッグワンを想定してのチョイスだ。

クロカワゲラ(左)とユスリカ(右)。アメマスが偏食することの多い水生昆虫2種。春になると大量発生し、魚の食欲を満たす

Type_16 サケ稚魚パターン SALMON BABY PATTERN

STEP UP LESSON 04

Flip Cast フリップキャスト

Flipを辞書で引くと、「弾く、軽くぽんと打つ、軽く打ち払う」とあるが、自分の前でロッドをやや左（右利きの場合）下方に向けて曲げ、その反発力だけを利用して投げるのがフリップキャスト。きわめてコンパクトなフォームで近距離をテンポよく撃つのに最適だ。私は渓流で5割くらい、このキャスティングで対応している。

01
ティップの位置を9時とすると、8時から7時半の方向に手首を利用してロッドを曲げる。このとき、グリップエンドを手首に叩きつけるようにするとロッドを曲げやすい。なお、どんなルアーでも、フリップキャストは垂らしゼロが基本

02
8時から7時半で止めたロッドは実際、ティップが7時から6時半くらいまで曲がっている。そこから8時から8時半くらいにティップが来たら、親指を離してリリース体勢に入る

03
親指を離した8時から8時半くらいから、シャクリ上げるようにロッドティップを払うと、低い弾道を維持したままルアーが飛んで行く

04
サイドハンドキャストと同様、ロッドティップを頭上より高くしていくことでトラブルを抑えることができる。ルアーを着水させたい位置で親指を完全にスプールに押し付け、ブレーキを掛けてキャスト終了

075

Wakasagi Pattern
ワカサギパターン

◆シーズン 春◎ 夏△ 秋○ 冬◎
◆フィールド 渓流△ 本流○ 湿原○ 湖沼◎
◆難易度 ★☆☆☆☆

今も昔も湖沼の人気者
基本は似せる、時にズラす

栄養たっぷりのワカサギはトラウトにとってもとても重要な捕食物。ワカサギが生息する湖沼では、それを模したパターンが欠かせない。今さら聞けないその生態から、適したルアーや有効なメソッドを解説。ワカサギパターンの効果は春だけでなく、6月に入っても続く。

知名度は抜群

氷上における最高の遊び相手であり、我が家の食卓に欠かせないワカサギは、湖沼のトラウトにとってもかなり重要な栄養源に違いない。冬は氷上で人間に、水中でマス類やトンボの幼虫（ヤゴ）に、そして解氷すれば鳥などにねらわれるワカサギは、沼や池も含めれば、ワカサギの分布域はかなりの広範囲に渡るはず。ワカサギは釣りをしない人でも見れば分かるくらい淡水魚のなかで知名度が高く、とても身近な魚といえる。

チカじゃない!?

釣ったり食べたりはしていても、ワカサギがどんな一生を過ごしているのか、知らない人は少なくないかもしれない。じつをいうと私も、これまで散々ワカサギを釣っておきながら、つい最近まで知らなかったことがある。それは、海に下るワカサギがいることだ。

数年前の秋、実家で漁師さんから生のシシャモを大量にいただいた。網には違う魚も入るが、選別していない状態らしい。シシャモと他魚の仕分けを手伝いに行くと、チカやスナエビ、カレイなどが混在していたほか、

69cmはダイワ『ダブルクラッチ IZM 75SP-G』でキャッチ。とてもいい顔つきをしている

きっとゆっくり休む暇がないだろう。
ちょっと話が反れてしまったが、北海道には大小さまざまな人工＆自然湖沼がたくさんあるが、もしかするとワカサギが生息していない湖沼のほうが少ないかもしれない。私が住む釧路管内でも、トラウトとワカサギが生息する湖沼は全体の半数以上を占めている。名前のないような小さな

Type_17
WAKASAGI PATT

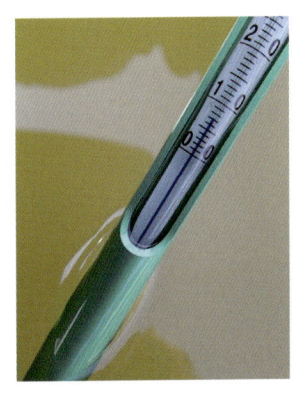

4月下旬から5月、3つの湖に出掛けたが、どこも水温は7℃。流れ込みの周囲はそれよりも1〜2℃低かった

チカの若魚らしき魚も数尾混じっていた。しかし、やけに細い……。気になってチカと並べて見比べてみると、腹ビレの位置が違う？　どうもワカサギのようだ（※チカとワカサギの見分け方。ワカサギの腹ビレは背ビレの起点よりやや前方に位置するが、チカの腹ビレは背ビレの起点よりやや後方に位置する）。

海でワカサギなんて聞いたことのなかった私は、疑問に感じて魚類図鑑で調べてみた。すると、やはりワカサギには海に下るタイプがいた。チカは一生を海で過ごす（産卵は汽水域で行なう）のに対し、ワカサギは一生を淡水で過ごすタイプと、海に下ってある程度過ごし、産卵期に川や湖沼に戻ってくる2タイプがいるという。皆さんはご存じでした？　正直、この事実を知らずに20数年生きてきたのはちょっとショックだった。

私が調べたワカサギの生態をまとめると次のとおり。昔は川にダムや堰が少なく、同じ仲間のキュウリウオ、シシャモ、シラウオ、アユと同じように淡水でふ化した後、しばらくして海に出て、川や湖沼に戻って産卵する個体が珍しくなかった。しかし、河川がダムや堰ばかりになると、海との行き来が困難に……。そうして、人工的に造られたダム湖や、海から遠く離れた湖沼に人間の手で移植されたワカサギは、淡水で一生を過ごす陸封型がほとんどになったようだ。まだ海に下れ

60cmは100mmクラスのミノーにきた。太陽の光が美しさを際立てた

る環境が残っている北海道は全国的にみても希少なのかもしれない。

水質の悪化や高水温に対して順応性の高いワカサギは、日本各地に移植され釣りの対象魚として多くの人に親しまれている。阿寒湖も本来はワカサギが生息しておらず、その昔に移植された湖のひとつ。また、1年魚といわれるワカサギだが、2〜3年生きる個体も少なくない。特にメスが長生きするらしい。

ワカサギ釣りをする人、湖沼の釣りをする人なら、ワカサギの産卵期が春なのはご存じだろう。地域によってバラつきはあるものの、早い場所だと3月下旬、平均4〜5月に産卵すること

春の湖岸では、湿地帯に咲くミズバショウが心を和ませてくれる。この花が見られる頃、ワカサギの産卵が最盛期を迎える

077

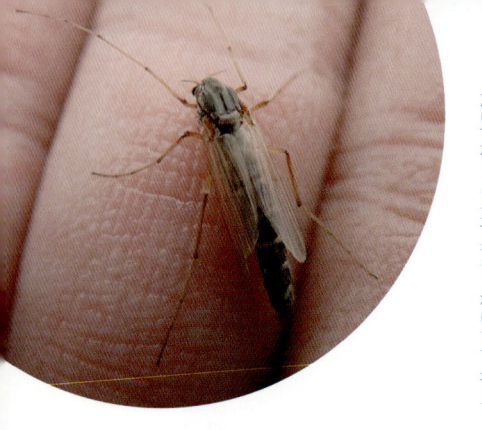

巨大なユスリカ。阿寒湖や塘路湖では、5月中旬から大量に発生する。アメマスだけでなく、ワカサギもこれにライズする

が多いようだ。その時期になると、産卵で流れ込み周辺に集まったワカサギをねらい、いろいろな生き物が集まってくる。

トラウトも、その1種。岸際を回遊する回数が増えたり、朝夕のマヅメ時になると浅瀬に乗り上げる勢いでワカサギを追いかけ回す光景を目にする。湖沼の釣りでこんな近くにトラウトが長い時間滞在するのは、一年を通じてもそう多くはない。

ハマったローテーション

解氷後の4月下旬～5月、いくつかの湖沼にワカサギの産卵期をめがけて釣行したときのこと。朝イチはどこの湖沼でもあちこちにライズやボイルが見られ、明らかにワカサギを追いかけ回しているようだった。水面下を意識している魚が多いと判断し、まずはあまり潜らない水面下50cm前後を引けるミノーで探ってみる。結果は5分と経たないうちに出た。少し越冬の疲れが残る痩せたアメマスだったが、ひったくるようなアタリは刺激的。「これはイケる！」と1尾キャッチするたびにルアーを交換し、いろいろなタイプを投入してみる。すると、朝イチは表層を引けるミノーがよく、ルアーサイズは90mm以下に好反応を示した。

試しに釣ったアメマスの胃からワカサギが出てこないか、ストマックポンプを数尾に入れてみた。が、すべて胃の中は空っぽ。ワカサギばかり捕食しているとは断言できないが、この湖のワカサギは平均サイズが8cm前後で、サイズが合っている90mm以下がよかったのかもしれない。平均サイズを知っていたのは、冬の間ワカサギ釣りに来ていたから。ルアー・フライにこだわらず、違う釣りもしていると意外なところで役立つ。

日中になるにつれアタリは遠のき、ライズもなくなった。そこで、カケアガリが急な深場のポイントに移動。朝イチと同様、表層付近からねらうが、アタリも追いもない。そこで、表層を見切ってディープミノーにチェンジし、カケアガリ付近まで一気に潜らせ、少し強めのジャークを入れてみる。それを何度か繰り返していると、カケアガリに引っ掛かってルアーをロストしてしまった。

次に、同じディープでも少し潜行深度が浅いタイプを結ぶ。先ほどと同じように、タダ巻きで少し潜らせてから連続ジャークで誘っていると、ジャークの最中に鈍い重みが伝わった。一瞬、また根掛かりかとガッカリしたが、すぐに頭を振り出し魚だと確信。ランディングできたのは69cmのグッドサイズだった。

後日、違う湖沼に釣行したときのこと。ここも冬はワカサギ釣りでにぎわうが、岸近くや流れ込み付近に魚影はなく、湖自体に魚っ気が感じられないほど静まり返っていた。ワカサギ系ミノーを中心に投入するも、ウグイすら釣れない。ならばと、100mm弱のワカサギ系カラーのミノーにチェンジ。「これで釣れなきゃ移動だ」とキャストを始める。ウネウネとしたアクションを眺めながらリトリーブしていると、今までの沈黙が嘘のように水面スレスレで食ってきたのはジャスト60cm。ときには、やや大型のミノーがハマることがある。

50～140mmまで用意

● サイズを上げ下げ

ワカサギのサイズは年によって異なる。10cmに満たない年もあれば、15cm近くに成長する年もある。市販されているワカサギ系ルアーの平均サイズは80mm前後が多いが、私は50～140mmまで持ち歩いている。なぜなら、実際に生息しているワカサギのサイズに合わせたほうがいい場合もあるが、メジャーな湖沼や魚がスレている状況だと

大量のワカサギが産卵場を求めて上流をめざしていた。サイズは7～12cmと大きめ

産卵後に力尽きたのか、湖畔に打ち上げられていたワカサギ。リセント『蓮ペイト』(90㎜)とピッタリのサイズ

釣り場ではまず、立ち込まずに探りたい。魚は意外に岸近くを回遊しているものだ

広大な湖沼での釣りはとても気持ちがいい。遮るものが何もなければ、フルキャストできるのもうれしい

極端に小さい、逆に大きいサイズでいい思いをしたことがあるからだ。その理由はよく分からないが、ほかのアングラーが使わないサイズは、魚にとって新鮮味があるのかもしれない。

そこで、まずは王道といえるワカサギカラーの平均サイズをキャストし、反応をうかがいながらサイズを上げ下げしてみるのをすすめたい。それでダメならカラーを極端に変え、再びサイズを上げ下げ。最終手段はポイント移動。簡単にいえば、これがワカサギの生息する湖沼における基本タクティクス。

● **ロッドのチョイス**

湖沼の規模や地形により、ロッドの長さは使い分けている。遠浅で岸から立ち込む距離が長ければ、ロッドティップにルアーやラインが絡んだりしたとき、片手にグリップを持ち、もう片方の手でトラブルを解消できる範囲の長さである7フィート前後がベター。たまにリールを水に浸け、ティップで起きたライントラブルを直している人を見るが、リールのトラブルにつながりやすいので注意したい。その症状は逆転やドラッグ不良、ベアリングの異音など。リールを水に浸けるのはなるべく避けたい行為だ。

ところで、ロッドは長さも重要だが、硬さにも気を遣いたい。前述のように小型サイズも使うことから、軽めのルアーが遠投しやすいしなやかなアクションを選んでいる。

いきなり立ち込むのはNG

朝夕のマヅメ時、私たちが想像しているよりも魚は岸近くを回遊している。最初は立ち込まずにねらいたい。特に先行者が立ち込んでいない場合はなおさら。回遊魚をそっと待っているかもしれないのに、いきなり立ち込んで魚を警戒させれば先行者とトラブルになりかねない。

確かに流れ込みや流れ出しは変化があり、水が常に動いているので魚は寄りやすい。ただ、流れ込みだけが釣れる場所ではない。道路から離れた岬の先端部、あるいは向かい風の場所はアングラーが敬遠しがちだが、魚が寄りやすい絶好のポイントといえる。混雑を避けてそうしたポイントに入ると一人勝ちできるかもしれない。

ちなみに、ワカサギの産卵時期が終盤に差し掛かると、産卵で力尽きた個体が食われやすくなる。また、体力を回復させるべく、浅場でユスリカなどの小さな水生昆虫にライズするワカサギも見られる。そんな無防備な状態をトラウトは見逃さない。6月に入ると、湖沼によってはハルゼミパターンが人気だが、セミルアーに反応がないときはワカサギ系ルアーのほうが好まれる。初夏もワカサギパターンをお忘れなく！

流入河川をのぞいて見ると、ウグイがワカサギの群れを追いかけ、弱ったワカサギを捕食していた

Dead Bait
デッドベイト

◆シーズン　春○　夏○　秋○　冬×
◆フィールド　渓流△　本流○　湿原○　湖沼◎
◆難易度　★★★☆

激しいボイルが起きたら……
ルアー版ドライワカサギ

水面に浮いている瀕死のワカサギが激しいボイルとともに吸い込まれる。ワカサギが生息する湖沼で目にする光景だ。そんな場面ではかつて、フライフィッシングの独断場だったが、瀕死の小魚を模したペンシルベイトを使えば、"ドライワカサギ"の釣りはルアーフィッシングでも楽しめる。

フライフィッシングでは定番

トラウトルアーの世界でトップウオータープラッギングはひとつのジャンルとして定着したが、セミやバッタなど虫系は注目されても、それ以外のタイプはあまり話題にならない。しかし、バスの世界で愛用者が多いデッドベイトは、トラウトフィッシングでも大いに活躍する要素を秘めている。

デッドベイトの定義は曖昧だが、主に瀕死状態や死骸になって水面を漂う小魚を模したペンシルベイトをいう。こう聞くと、阿寒湖に行ったことのある人なら「ドライワカサギみたいなもの？」とピンとくるはず。そのとおり。

阿寒湖でよく知られるドライワカサギとは、水面に浮いている瀕死状態や死骸のワカサギを模したフライのこと。ノースアングラーズ誌で初めてドライワカサギが取り上げられたのは2002年発行の19号。すでに10年以上経ち、ドライワカサギは大きな進化を遂げ、魚が反応しやすい浮き姿勢などを愛好者が模索してきた。現在実績のあるドライワカサギは、かなり成熟したパターンといえる。その間、ルアーはどうだったのか？　まずは、私の試行錯誤の歴史を振り返ってみたい。

最初はフローティングミノー

阿寒湖でルアー版ワカサギドライを意識したのは、10年ほど前の出来事がきっかけ。そのとき、ワカサギ漁を終えた船が桟橋に戻って来ていて、網をバサバサやっていた。たぶん、瀕死のワカサギがこぼれ落ちたのだろう。網の近くでボイルが起き、"あっ、ワカサギを食っているんだ"と思い、フローティングミノーをキャストすると「ガバッ！」とアメマスが出た。ルアーもホットケメソッドで釣れると感じた瞬間だった。しかし、そのメソッドが効いたのは少しの間だけ。ちょうど、フライでドライワカサギが盛り上がり始めた頃で、魚が学習してきたのだろう。

その後、フローティングミノーのリップを折ったり、削ったりして何とか釣っていた。ただ、通常のペンシルベイトのように、縦に浮くタイプはダ

ジョイントタイプのデッドベイトで釣ったニジマス。阿寒湖では秋も春も、必携パターンといえる

Type_ 18

DEAD BAIT

デッドベイトの形状には、への字とストレートがあるが、どちらも横姿勢で浮くものがほとんど。そんなタイプのデッドベイトは使える。なお、シングルフック1本の使用が義務づけられている阿寒湖では、フックを装着する位置に気を遣いたい。ベリーとリヤにフックアイがあるルアーの場合、フッキングミスを少なくすべく、リヤに付けるのが無難。なぜなら、もし魚がベリー側を食ったとしても、合わせたときにボディーがズレてリヤフックに掛かりやすいため。逆に、ベリーより後ろに食ったとき、リヤにフックが付いていないとすっぽ抜けが多発してしまう

メ。水平浮きでないと反応しないことが分かった。ドライワカサギが定番化すると、ミノーの水平浮きも釣れなくなった。そうこうしているうちに、バスの世界でデッドベイトが出てきた。

フッキングのコツ

10月中旬、ワカサギ漁が行なわれている阿寒湖でのこと。その日、散発とはいえボイルが見られた。そこで、70mmのデッドベイトを結び、ホットケメソッドに徹する。賢くなった魚は、ルアーを動かすとなかなか出て来ない。

湖流によってキャスト位置は変わるが、そのときは左から右方向に流れていた。そこで、川でいうクロスにキャストし、デッドベイトを流れに乗せてナチュラルドリフトさせ、ドラッグが掛かりそうになったらラインを送り込む。そうして、ある程度の範囲までドリフトさせたら回収して再キャスト。そんなアプローチを繰り返していた。

不意に「バシャ」と水面が盛り上がった。PEラインの使用をふまえて弱めに設定していたリールのドラグが軽快に鳴り響く。デッドベイトに限らず、トップウオータープラッギングはフッキングが浅いことが多い。慎重にやりとりしてキャッチしたのは40cmくらいのニジマス。それほど大きくはなくても、水面に飛び出してきた一尾は「釣った感」がとても強く、感激はひとしおだ。

フッキングが難しいデッドベイトの釣りでは、魚が出ると身体が勝手に反応してしまいがちだが、ワンテンポ遅らせて合わせると乗りがよくなる。イトフケが出ていることが多いので、リールを巻きながら合わせるのが理想的だ。

阿寒湖以外でも

● 目を離さない

デッドベイトの種類は少しずつだが確実に増えている。最近のデッドベイトのなかには、魚の尾ビレをイメージしてテールにフェザーが付いていたり、フッキング率が高いジョイントタイプも出ている。ジョイントタイプは確かに乗りがいいと感じる。また、カラーにも気を遣いたい。ドライワカサギにスレた魚が多い阿寒湖では、クリアやゴースト系と呼ばれるボディーが透けるタイプに反応がいい場面も少なくない。

とにかく、この釣りで求められるのは忍耐。魚はいつ出てくるか分からない。その一瞬を逃さないよう、自分のルアーを見失わないことが何よりも重要。デッドベイトは視認性があまりよくなく、ルアーから目を離すと、どこにあるか分からなくなりがち。

● 春も見逃せない！

阿寒湖では必携といえるデッドベイトだが、ワカサギが生息するフィールドのほとんどで試す価値がある。実際、屈斜路湖では実績がある。また、秋だけでなく、春の産卵期も見逃せないタイミング。産卵を終えて死んだワカサギが食われているのは、どこのフィールドも同じ。そんなワカサギは平均サイズが大きく、ルアーで模しやすいのもデッドベイトで釣果が上がる要素と考えられる。

● 適合タックル

デッドベイトに特別なタックルは必要なく、一般的な湖用でOK。ただ、軟らかめのアクションがキャストしやすい。ルアーを浮かせて待つ釣りだけに、ラインは水面に浮いていたほうがアワセがききやすい。ラインはPE0.6〜1号がおすすめ。ショックリーダーも浮力のあるナイロンの10〜12ポンドがベター。

出たぜ！

ワカサギを飽食していそうな見事なコンディション。サイズ以上によく引いた

Swisher
スイッシャー

◆シーズン 春◎ 夏◎ 秋◎ 冬△
◆フィールド 渓流○ 本流○ 湿原◎ 湖沼◎
◆難易度 ★★★☆☆

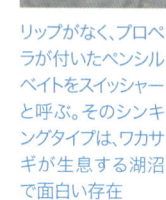

Uターンした魚に試したい
ワカサギ似が豊富なのも魅力

追尾してくるのに食わない……。そんな状況で同じルアーを投げ続けてもヒットにいたらないことが多い。定番ルアーをローテーションするのもいいが、思い切ったルアーチョイスが新たな引き出しを増やしてくれる。湖沼でケースに忍ばせたいタイプのひとつがシンキングタイプのスイッシャーだ。

リップがなく、プロペラが付いたペンシルベイトをスイッシャーと呼ぶ。そのシンキングタイプは、ワカサギが生息する湖沼で面白い存在

バス釣りにヒントあり

　湖沼で釣りをしているとき、ルアーの後方から一定の距離を保ってターゲットが追って来る……が、最終的には食わない。そんな嫌がらせ!? を受けたことはないだろうか？　まるでターゲットは「偽物だろ？　知ってるよコレ、ルアーってヤツだろ？　興味はあるんだけど、食わないもんねぇ〜」とでも言っているように、ピックアップ寸前でUターンしていく。本当にくやしい一瞬だ。
　それから何が何でも釣りたくなり、あの手この手を使い、魚との根（知恵？）比べが始まる。そんな洗礼を大型魚に受け、どっぷりと湖の釣りにハマった人もいるだろう。テクニックやタックルの進化により、一昔前に比べるとスレた魚に対する選択肢は増えたとはいえ、アングラーが知恵をつけた分、魚も負けじと賢くなっていくという終わりのないゲームが釣りだ（まぁ、それが醍醐味ですよね）。
　そうして、スレた魚を攻略すべく、目まぐるしく次々と新しいルアーが誕生しているのがバスの世界。ノーシンカーワームやダウンショットリグ、ゴースト系ルアー、ビッグベイトetc……。ビッグベイトはイトウなど、北海道の大型トラウトにも威力を発揮するが、バス用のルアーにアンテナを立てるのは釣果を上げるきっかけになる。

i字系ルアーの旗手

　バス釣りの雑誌をめくっていると「i字系ルアー」という言葉を目にする。それ以前に流行した「S字系ルアー」は、ご存じの人も多いだろう。要はスラローム、蛇行を描きながらアクションして魚を誘うルアーを示す。大型のサイズが目立ち、ガンクラフト

Type_19
SWISHER

『ジョインテッドクロー』、エバーグリーン『エスドライブ』などが有名だ。

では、i字系はどのようなルアーなのか？　単刀直入にいうと、真っすぐ泳ぐルアーの総称。プリプリとミノーのように泳ぐわけではなく、スプーンのようにヒラヒラと舞うこともない、いわば棒のように泳がないルアー。「i字系アクション」とも呼ぶらしいが、アクションといっていいのか疑問が沸く。

抵抗となるプロペラが付くので、遠投性能は高いとはいえない。岸近くで魚の反応があるときに向いている

ラが装着されている。バスのトップウオーターフィッシングで知られるスイッシャーのシンキングバージョンだ。浮かせる必要がないせいか、シルエットはフローティングタイプに比べるとスマートで、ワカサギをイメージしたルアーが少なくない。ワカサギ大好きのトラウトに使ってみたくなる。

浮き上がりやすさを考えて

●超低速でねらう

シンキングスイッシャーはリップもなければ、ジグミノーのように重いわけでもない。プロペラが装着されている分、リトリーブすると水の抵抗を受けやすく、想像以上に浮き上がり沈下しにくいのが特徴だ。

使用するうえでの基本動作は、プロペラが回るギリギリのスローリトリーブでリールを巻くこと。これが最もフッキングにもち込みやすいアクションと思われる。ただ、水面付近で小魚を追い回しているなら速巻きが有効で、その際はヘビーシンキングタイプがマッチする。

プロペラが回っているときの独特のシャラシャラ音は、うるさすぎず静かすぎない感じで集魚効果があるはず。トラウトねらいでラトル音を気にするアングラーもいるが、私は音で魚が散ると感じたことはない。

●渓流でも試す価値あり

シンキングスイッシャーが実際のフィールドでどうかというと、普通に釣れるという印象。ミノーやスプーンなど定番ルアーで釣っていると、「追ってくるのに食わない」という状況から、そのうち追いすらなくなってくる。そんなタイミングを見計らい、シンキングスイッシャーを最終手段として投入すると吉と出ることがある。魚がいるのに食わない状況で、ぜひ試していただきたい。

また、50㎜程度のコンパクトサイズなら渓流でも面白いだろう。スピナー感覚で使え、ボサ下でライズを繰り返すニジマスに効く。

この日は、シンキングスイッシャーの有効性が際立った。ルアー選びに迷ったら、ぜひ投入してみたい

「動かないなら興味なし、いらないや」と買う気すら起きない人もいるかもしれない。しかし、数年前から「i字系でいい思いをした」、「スレた魚もイチコロ」なんて話がちらほら聞かれる。本州で盛り上がっているアジやメバル釣りの世界でもi字系ルアーがリリースされていて、その効果は魚種の壁を越えている。となると、トラウトねらいでも放っておけない。

i字系ルアーにはペンシルベイトなどがあるが、いずれにしてもシルエットはシンプル。そして、最近増えているタイプがシンキングタイプのスイッシャーだ。シンキングプロップベイトとも呼ばれ、フロントアイとリヤアイの両方、またはリヤアイだけにプロペ

これまでの最大魚は72㎝。5月上旬にしてはコンディションが良好でよく引いた

083

Color Choice

カラー選びに迷ったら……
ダークとチャート系を使い分ける

トラウトルアーのシーンで定番色として定着している
アカキンやヤマメカラーなどは確かに釣れる。
でも、それだけだと心もとなく、ローテーションの幅も狭くなってしまう。
もし、カラーの使い分けで迷っているなら、ダーク系とチャート系という
両極端なカラーチョイスをおすすめしたい。

ヒントはフライ

　私がダーク系カラーを使おうと思ったきっかけは、フライフィッシングの経験から。フライフィッシングでは捕食されている虫や魚のサイズやカラーをミリ単位で、しかも微妙なカラーまで一致させて釣りをする傾向がルアーよりも強い。魚が捕食していた胃の内容物を持ち帰り、詳しく調べてフライを巻くこともする。
　そんなことを繰り返していると、食べられている昆虫は季節により変化し、場所にもよるが春から初夏にかけて水生昆虫、夏から初秋にかけては陸生昆虫の割合が高いことが分かる。そして、陸生昆虫は黒、茶、焦げ茶といったダーク系が半数以上。水生昆虫も黒、茶、オリーブなどが多い。となると、必然的に使うフライは暗色系が中心になる。だったら、虫を食べているときは、ルアーもダーク系カラーが釣れるはず……。そうして、ダーク系カラーをルアーでも頻繁に使うようになると、初めて訪れる場所でもボウズで帰ることが少なくなった。

シルエットがくっきり

　昔、夜釣りでロックフィッシュをねらっていたときのこと。最初は夜光の白いワームでポツポツ釣れていたが、テールをかじられてボロボロになり、使うことができなくなった。整理整頓されていないクルマのトランクをあさってみると、使用済みの黒いワームが2本ある。しょうがなくそれで釣りを再開すると開始早々からアタリが頻発し、終いには40cm超えのソイまでヒットした。
　意外な釣果を得て帰宅後、魚目線での実験を試してみた。風呂場の明かりを消し、居間から漏れる光を常夜灯と設定。私は水中メガネを掛け、湯船に潜って魚になりきり、夜光の白いワームと黒いワームを見上げる。すると、黒いワームのほうが逆光効果でシルエットがハッキリして見える。これが釣れた要因かどうかは定かでないが、ダーク系カラーは空や明るい背景をバックにすると物体として非常にくっきり目立つ色だと分かった。
　ところで、フィッシングプレッシャーの高い釣り場や、透明度の高い川や湖で暗色系カラーが効くというアングラーは

【ダーク系の捕食物】

【9月上旬、ニジマスのメニュー】テントウムシ、カメムシ、ハエ、アワフキムシ、ハチの仲間など陸生昆虫が中心。暗色の捕食物が目立つ

河原でよく見掛けるオサムシ（ゴミムシ類）は春〜晩秋まで捕食されている

水面に落ちたクワガタに、ガップリ水面を割ったニジマスを見たことがある

チラカゲロウ。カゲロウ、カワゲラ、トビケラなどの水生昆虫は暗色系が多い

トビケラのピューパ（サナギ）。泳いでいる最中に捕食されることが少なくないようだ

少なくない。私の経験でも、潮が澄んだ知床の海で、全く口を使わないスレきったカラフトマスを唯一ヒットに導いたのが黒いスプーンだった。最近ではポイントを探るとき、派手なカラーから使い始め、徐々に暗いカラーに変え、最後は黒でポイントを見切ることが増えた。

派手でも自然界に溶け込む!?

一方、チャートリュースと聞き、ルアー＆フライフィッシャーが真っ先に連想するのはアメマスだろう。「アメマスねらいでチャートは外せない」と10人中8人は答えるのでは……。ん、道東民だけ!? 派手な印象が強くて好き嫌いはあっても、有効なカラーであるのは間違いない。そんな淡水のアメマスに大人気のチャートだが、多用されるのはアメマスの多い地域や透明度の低い河川に限られているようだ。

しかし、フライフィッシャーのチャートに対する信頼度は、魚種を問わずルアーアングラーより高いと感じる。その理由は水生昆虫（主にトビケラの幼虫）やバッタ、チョウ、ガなどの幼虫はチャートが多く、四季に関係なくよく釣れるから。アトラクターやアピール系と呼ばれるチャート、じつは自然界によく見られる色なのだ。

昆虫のように小さく弱い生き物は、派手な色をしていると真っ先に天敵に見つかり食べられてしまう。アスファルトや水上では周りの色と異なり派手に見えても、草のなかでは見事なまでに溶け込む。俗にいう保護色というやつ。実際、草むらにチャートやピンクのルアーを投げ込むと、どちらが見つけやすいか分かるはず。チャートは状況によってアピール系とナチュラル系、どちらも兼ね備えたカラーのようだ。私は透明度が高くても低くても、チャートを好んで使う。理由は釣れるのももちろんだが、視認性が高く、流したいコースに導きやすいため。

どこの地域にも存在するご当地カラーは、大勢のアングラーの実績から生まれているのと同時に、その地域でキャストされる割合が高いカラーともいえる。それで釣れているうちはいいが、釣れなくなったとき「本当にそのカラーじゃなきゃダメなの？」と思えたら、もっと深い釣り人生をすごせるかもしれない。

真っ黒ならイージー

新品のカラー（上）と、使い倒して色が剥がれてしまったカラー（下）。もともとは同じ色

色が剥がれると、何となく使いたくなくなる。そこで、油性ペンなどで色を塗ってみる。エアブラシを使わなくても黒なら簡単♪

約2分で完成。クリア塗装はしなくても可。もし剥がれたら、また塗ればOK。好きなルアーに暗色系がなければ、こうして油性ペンで塗ってみよう

【チャート系の捕食物】

【6月上旬、ニジマスのメニュー】チョウやガの幼虫が多く捕食されていた。水生昆虫もちらほら見られたが、この時期から甲虫類も食べられている

秋に多いイナゴの仲間。9月上旬のこの日も、水面に落下した個体が食われていた

エゾツユムシ。夕方から夜にかけて鳴く。全道各地の水辺でよく見られる

外見は茶色のバッタでも、腹部を見てみると黄緑や黄色の個体が少なくない

アオムシやイモムシの類は黄緑の個体が目立つ。これも確実に食われている

Field_01 渓流

● 好ポイントと流し方

【トロ瀬】
天気のよい日は、×印の日陰部でヒット率が高い。曇りの日や朝夕のマヅメ時は、対岸から離れて流れの中に魚が出てきている可能性もある。こうした大場所は立ち位置を変えながら、いろいろルアーをローテーションして時間をかけてねらう価値がある。ただし、その場合は表層からアプローチするのが基本。水面を釣るなら最初に。最後はディープミノーで底を意識して探ってから見切る

【木の根もと】
対岸の倒れかけている木の根もとは、日陰を形成して深くエグレ、魚が付きやすい絶好のポイント。×印の核心部に直撃するよりも、矢印のようにルアーを流し込んでねらうのがベター。この立ち位置ならトップウオータープラグ、ヘビーシンキングミノー、スプーン、スピナーをドリフトさせるとヒット率が高い。オーバーハングで陸生昆虫の落下が多いと考えられ、トップでの反応はいい

【護岸際】
護岸周辺は流れの当たりやすい場所ゆえ、水深があることが多い。護岸の種類にもよるが、写真のようなブロックタイプは水中で漁礁のような役目を果たすと思われ、たいてい相当数の魚が入っている。この立ち位置からはトップウオータープラグ、シンキングミノーをアップクロス気味にキャスト。護岸際の最も深いスポットを探る。上流側からねらう場合はディープミノー、スピナーも有効

【バブルライン】
泡の筋（バブルライン）は流下物が集中するので、夏は特にライズが起きやすい。トップウオータープラグの最有力ポイントといえる。ここでは、対岸ギリギリのボサ際も陸生昆虫の落下が考えられる。そのため、この立ち位置からはバブルラインを先にねらった後、奥のボサ際をタイトに探りたい。トップで反応がなければ、スプーン、バイブレーション、シンキングミノーなどをローテーションする

【岩盤帯】
岩盤帯は攻略が難しいとはいえ、グッドサイズが期待できる。写真を見ると流芯がはっきりしているように感じるが、実際には意外と複雑な流れを形成している。対岸側の日陰部はトップウオータープラグを使い、ヤナギの木から落ちた陸生昆虫を演出したい。手前側は流れに強いタイプのディープミノー、バイブレーションの出番。リフト＆フォールでねらうと流れの影響を受けにくいだろう

【岩盤帯のスリット】
手前のザラ瀬の向こう、対岸寄りにある岩盤帯のスリットは深い。小規模なポイントだが、意外な良型が入っていることもある。トップウオータープラグが面白い。スリットからルアーがズレないように流すのが大前提。下流からはアプローチしにくく、アップクロスかクロスの立ち位置が賢明。自然に流すにはロッドを高く保持し、手前の流れになるべくラインを干渉させないこと

On Stream

フィールド別ポイント攻略法

【反転流】
泡の集まっている部分が反転部。流芯の半分くらいの速さでグルグル回って流れている。回転寿司のようにエサが運ばれてくるので、魚にとって捕食しやすいポイント。注意したいのは、手前側の流芯にラインを取られると、反転部からルアーが引き剥がされてしまうこと。そうならないため、ロッドを高い位置で保持したい。まずはトップ、その後は沈むルアーで。反転部だけでなく流芯も探りたい

【岩周り】
流れが当たっている岩の周辺はエグれて深い。川底が岩と同質である場合が多く、ヘビーシンキングミノーやバイブレーションだと根掛かりしやすい。そこで、フローティングミノーを上流から流し込み「ここぞ」という場所を通過したときにリトリーブを始める。すると、思いどおりのレーンを引きやすく、かつ根掛かりを抑えられる。フローティングミノーのドリフトはトップの釣りと同じ感覚でOK

【倒木周り①】
倒木の下は水深がなくても、たいてい魚が隠れるくらいのスペースはあるので見逃せないポイント。特に浅い場合、倒木の陰からルアーを追いかけて出てくることは稀。そのため、×印を刻むようにタイトに探りたい。この立ち位置なら、まずはトップウオータープラグを使ってみたい。それでダメならば、シンキングミノーやスプーンなどに替え、倒木からルアーを離さないように流して釣りたい

【ボサ際】
対岸のボサから陸生昆虫の落下が見込める。トップウオータープラグで勝負したい。こうしたフラットな流れはドラッグがかかりにくいとはいえ、少しでもルアーが不自然な動きをすると、途端に魚は見切ってしまう。また、アプローチも静かに行ないたい。ここはそれほど水深が深くなく、ビッグワンは望めないものの、複数の魚が入っている可能性があり、連続ヒットも期待できるポイント

【倒木周り②】
ここの倒木下は深く掘れていて、かなり水深がある。大ものが潜んでいそうな雰囲気がぷんぷんだが、流れが複雑で攻略は難しい。倒木ギリギリにキャストし、倒木に沿って流さなければ、魚はまず出て来ない。ただ、マヅメ時はヒラキで捕食していることもある。まずはトップウオータープラグで探り、反応がなければヘビーシンキングミノーやバイブレーションなどを沈めてねらう

魚の付いているポイントが把握でき、かつそのシチュエーションにマッチするルアーをうまく流せれば、こんなシーンが連発するのも夢じゃない！

087

Field_02 本流&湿原

● 好ポイントと注意点

【障害物周り①】
水中で倒木が複雑に入り組んでいて、いかにも根掛かりしそうなポイントだが、こうした場所は数尾ヒットする可能性が高い。私の場合、①のラインを釣ってから、向こう側の②を探るようにしている。なぜなら、②から先にねらうとリトリーブ時に①のエリアにルアーが通過することがあり、そうすると場荒れする恐れがあると考えているため

【障害物周り②】
一見、フラットな流れに感じるかもしれないが、対岸に見える盛り上がった砂溜まり付近は、水中で急深のカケアガリを形成している場合が多い。カケアガリ周辺はもちろん魚が付きやすく、絶好のねらいめ。まずは砂溜まりと平行になるようにルアーを流してみたい。そのラインで釣れなくてもあきらめず、下流側の倒木周辺も探りたい

【氷が流れていたら……】
厳寒期の釣りは流れてくる氷が厄介な存在だ。写真のように氷が流れている場合、リトリーブによる誘いでは、特にクロスからダウンでねらうとラインが氷を拾いやすく、ルアーを沈ませるのが困難になる。そこで、アップまたはアップクロス気味にキャストし、ルアーを流れと同調させるように流すと釣りやすい

【カーブ】
カーブの外側は流れが速く、水深がある場合が多い。このポイントもカーブの際が深くなっていて、岸ギリギリでのヒットがほとんどだった。ディープミノーなど、足もとまでしっかり泳ぐルアーでねらうのが釣果アップのコツ。また、写真右側に見える倒木の下流側は流れが緩く、魚が付きやすい要チェックポイントだ

【オーバーハング①】
水面に張り出した枝下からアプローチ。わざわざこんなところからキャストしなくても……と思われるかもしれないが、プレッシャーの高い河川では、ほかのアングラーがねらわない角度からアプローチすることで釣果につながることがある。投げにくいポイントこそ、探ってみる価値あり！ 実際、岸際でピックアップ寸前にヒットした

【オーバーハング②】
こうした木々が複雑に覆い被さる場所では、まずキャストしやすい立ち位置を捜すことが攻略のキーになる。写真の位置からだと①ダウンクロス、②クロス、③アップクロスの順にキャスト。ここは対岸に行くほど水深があり、ヒットしたのは②のラインだった。当然のことキャストコントロールの正確性が求められるポイントだ

On Main Stream & Marsh

フィールド別ポイント攻略法

【オーバーハング③】
ここもオーバーハングやボサが攻略を難しくさせているポイントだ。写真のように枝が水面に接している場合、枝の下と枝より下流側に魚が付いている場合が多い。たとえ水深が浅くても、夏であれば枝から落下する虫などを待ち構えている魚が潜んでいる。こうした場所は素通りせず、必ずチェックしてみたい

【影に注意……】
湿原河川でよくあるケースだが、足場の高いポイントで天気がいい日は、太陽の角度によって自分の影が水面に映ってしまうことがある。魚が付いているスポットが自分の立ち位置の真下にくる場合などは特に注意したい。たとえゆっくり近づいたとしても、影が映り込むと魚が警戒し、釣れないことは少なくない

【護岸周り】
護岸などの人工物周辺は、目で見える分かりやすいポイント。護岸の上流側①は、流れが当たってエグれ、深くなっている場合が多い。下流側②は流れが緩く、水温低下時や増水時などに魚が多く入っている可能性がある。また、ヤル気のある魚は流れの筋に付きやすい。写真のケースでは、上記最低3ヵ所は必ずルアーを通したい

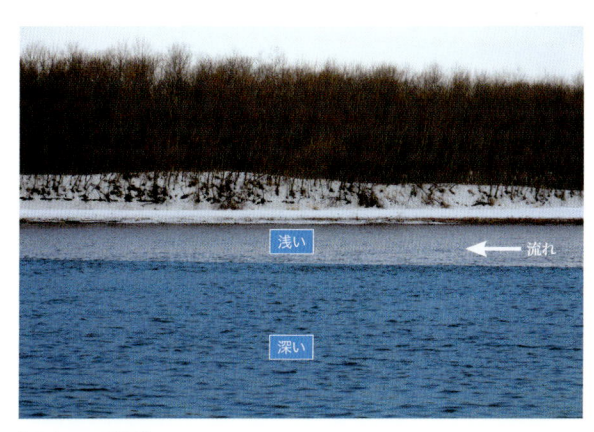

【流れの緩い場所】
湿原河川でよく見られる、ほかよりも流れが明らかに緩いスポットは、厳冬期になれば真っ先に凍る場所だが、それまでは魚が溜まっていることが多く、同場所で4～5尾釣れることも珍しくないあなどれないポイントだ。特に写真のように手前側のポイントは、足音などの振動に気をつけながらアプローチするのがだいじ

【カケアガリ】
湿原河川や本流の下流～河口域は流れが単調で、どこにキャストすればいいか分からない人も少なくないだろう。だが、川底が見えないだけで、意外に変化に富んでいる。写真では中心の筋からカケアガリになっていて手前側が深い。目で確認できる倒木や岩だけでなく、流れから変化をとらえることも釣果アップのキー

【潮目】
河口域では海水の影響や水温の違いなどにより、海水と淡水が上手く交わらず、その境界線が潮目になって現われるときがある。その筋にはプランクトンなどが集まり、それを捕食するために小魚が集まり、トラウトねらいの絶好のポイントと化す。潮目はずっとあるわけではない。消えないうちに探っておきたい

Field_03 湖沼

On Lake

● 好ポイントと好（悪）条件　　　　　　　　　　　　　　　　　　　　　フィールド別ポイント攻略法

【ヨシ際】
ヨシなどが群生するポイント近くは、魚の隠れ家になっている。その場合、魚はヨシ際に沿うように回遊してくるケースが多い。写真のポイントでは、立ち込んでいる辺りまで回遊する場合がある。いきなりここまで立ち込むのではなく、まずは岸際からキャストしながらようすをうかがい、少しずつウエーディングしたい

【インレット】
川の流れ込みは湖の一番人気ポイントといえる。水中の酸素濃度が多いうえ、川から流れてくるエサを目当てに、あるいは産卵行動などから季節を問わずに魚が付いていることが多い。しかし、入れ替わり立ち替わりでアングラーが入る場所でもあり、混雑しているときは釣果が望めないこともしばしば。過信は禁物だ

【岬周り】
岬の先端や大きく突き出た半島などは、沖めを回遊する魚にアングラーが近づけるポイント。また、地形が変化に富んでいて、カケアガリなど魚が付きやすい湖底形状である場合が多い。先端付近は正面だけでなく、左右も水深がある。さまざまなルアーを使いながら、いろいろな方向にキャストしてねらってみたい

【マヅメ時】
日の出前、日の入り後は活性が高く、魚が岸寄りしやすい絶好の時間帯。ただ、こんなベタナギ時は魚が警戒しやすく、不用意なウエーディングは避けたい。もし、先行者がウエーディングしていないなら、次に来た釣り人もウエーディングはひかえるべき。一人の身勝手な行動が他人の釣果にも影響することがある

【晴天時】
雲ひとつない晴天は、湖の釣りにおいて歓迎できない要素。さらに風もなく波も立たなければ、状況は最悪だ。こんなときは1ヵ所でねばるより、流れ込み、流れ出し、岬周りなどをラン＆ガンしたほうが吉と出る。ひとつだけいえるのは、釣りたかったら一日中、釣りをし続けることだ（この日はボウズだったが……）

【風と波】
風が吹き、波立っている日は好釣果が望める。「この湖は○方向からの風がよく釣れる」と、湖に通い詰めるアングラーはよく言う。それにプラスして曇りや雨の日に当たれば、さらに期待度は高くなる。湖の釣りにおいて、天気が悪い日に釣行しないのはもったいないこと（ただし、台風や嵐のときはひかえたい）

STEP UP LESSON 05

Fight & Release
ファイト&リリース

せっかく魚をヒットさせても、バラしてしまっては元も子もない。バラシを軽減するにはファイトの仕方がだいじ(でも、バレるときはバレるものだ……)。ここでは、ファイトの方法に加え、ずっとマス釣りを楽しむために不可欠なリリースを解説。

Fight Case_01
急に走ったとき、大暴れしたとき

リールのドラグを締めて動きを封じてしまいがちだが、倒木や岩盤に逃げ込もうとしない限り、ドラグは緩めでファイトしたほうが魚の動きがおとなしくなる場合が多い。ロッドパワーとドラグパワーに頼りすぎるのもよくない

Fight Case_02
ジャンプしたらどうする?

ニジマスは、激しいジャンプでバレてしまうケースが多い。そんな場面に直面したら、素早くロッドを寝かせて空中にあるラインをなるべく水面に付け、ラインテンションを保つとバラシを軽減できるだろう

Landing

ここまで魚を寄せたのに、あと一歩のところでバラしてしまうことはよくある。まず、確実にランディングするには、少し大きめのネットが有利。また、ランディングを急ぎすぎないこと。魚がおとなしくなったタイミングを見計らい、最後は頭からすくう

Release

ランディング後は魚を乾いた砂や石の上にあげず、水通しのいい場所でハリを外してリリースしたい。撮影も必ず水辺で行なうこと。なお、ランディングまでに時間を要しておとなしくなっている魚は、自ら泳ぎだすまで水中で魚体を軽く支えてあげたい

スミス『イージーリリーサー』は、魚体に触れずにリリースでき、魚にダメージを与えにくいハリを外すのが容易なマイクロバーブ仕様のシングルフック、ヴァンフック『ミノーエキスパートフック ヘビー』

091

トラウトコレクション

各社のイチオシをピックアップ

ページ前半ではルアーのタイプ別攻略法やシチュエーションごとの釣り方について考えてきたが、ここでは、道内のフィールドに適したタックルにスポットを当てる。メーカーがおすすめするモデルを中心に、ロッド、リール、ライン、ルアー、フック&スナップを紹介！

写真=齋藤義典 Photographs by Yoshinori Saito

Rod ▼ Reel ▼ Line ▼ Lure ▼ Hook ▼ Snap ▼

ロッド

01 ターゲットはナナマル ▼ロジックスーパートゥイッチャーボロン〈フィールドハンター〉

70cmを超える本流のビッグトラウトをターゲットにしたシリーズ。遠投が効く長さ、大ものに負けないパワー、一桁台の軽量プラグから肉厚タイプのヘビースプーンまで扱えるルアーウエイトが特徴。操作性にすぐれた軽量設計は、トゥイッチやジャークなどを駆使し、積極的に誘うタイプのアングラーにぴったり。ガイドはチタンフレームSiCリング。グリップはコルク&アルミスクリューリールシート。ジョイント部は高精度のスピゴットフェルールを採用

モデル	全長	自重	ルアー	ライン	継数	価格
LST75HL	7'5"	99g	4-18g	6-12lb	2	本体54,000円+税
LST80HL	8'0"	112g	5-23g	6-12lb	2	本体56,000円+税
LST85HL	8'5"	114g	7-28g	6-14lb	2	本体58,000円+税

02 うれしいオールコルクグリップ ▼ゼアス グランツ〈ハードストリームス〉

本流に潜むワイルドなトラウトがターゲット。ヘビーシンキングミノーが扱いやすい張りのある硬めの調子に設定し、ガイドはPEラインの使用を想定したチタン製Fuji KL-Hをセット。グリップ周りは全身がコルクで覆われたマシンカットオールコルクグリップを採用。金属部が一切露出しないため、低温下でも手が冷たくなりにくく、道内アングラーの間で重宝されている。ブランクは高級感が漂うゼアスレッドカラーに塗装。軽量のナイロン製ケースが付属

モデル	全長	自重	ルアー	ライン	継数	価格
Zeath-Glanz7'03"	7'3"	98g	MAX14g	5-12lb	2	本体58,000円+税
Zeath-Glanz8'03"	8'3"	115g	MAX18g	6-16lb	2	本体59,000円+税

03 広大なフィールドを探れるロングレングス ▼ファランクス アディリオン〈ハードストリームス〉

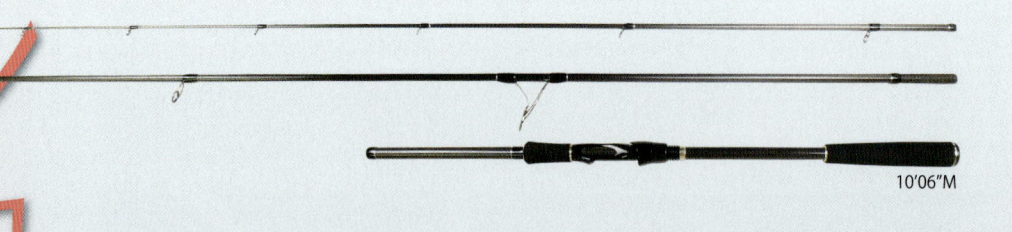

10'06"M

CV 10'06"M

海アメ、海サクラ、サケ、カラフトマス、ブリなど北海道のショアにターゲットを絞ったソルト用だが、そのバーサタイル性と長身を活かし、湖沼や河川の最下流部といった広大なフィールドの攻略に威力を発揮してくれる。独自の2ピース&ハーフ設計は携帯性にすぐれるだけでなく、繊細なティップ、柔軟なベリー、強靭なバットを備え、奇麗なベンディングカーブを描く。EVAグリップの『10'06"M』と、コルクグリップの軽量モデル『CV 10'06"M』がある

モデル	全長	自重	ルアー	ライン	継数	価格
10'06"M	10'6"	170g	12-50g	8-25lb	2&ハーフ	本体49,000円+税
CV 10'06"M	10'6"	165g	12-50g	8-25lb	2&ハーフ	本体56,000円+税

04 細イトが使えるパワーモデル ▼ファランクス ツインF reV〈ハードストリームス〉

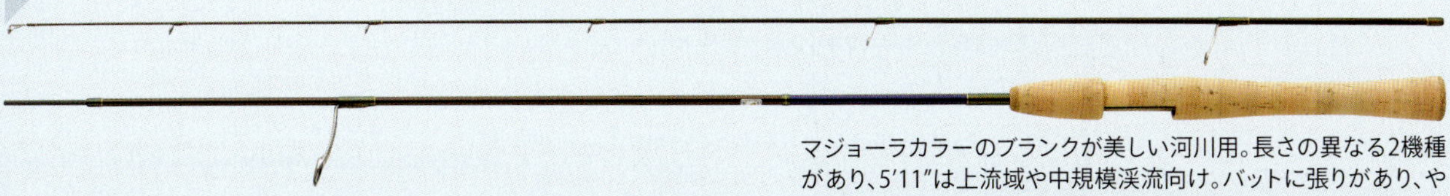

マジョーラカラーのブランクが美しい河川用。長さの異なる2機種があり、5'11"は上流域や中規模渓流向け。バットに張りがあり、ややファーストテーパー気味だが、魚が掛かるとスローに曲がる相バランスの取れた一本。6'6"は下流域や川幅の広い渓相にマッチ。ロクマルクラスが掛かっても楽しみながらやりとりできるパワーを秘める。マシンカットオールコルクグリップ、シャープなキャストフィールをもたらすトルザイトリングKL-Hガイドを装備

モデル	全長	自重	ルアー	ライン	継数	価格
Phalanx twin F reV 5'11"	5'11"	69g	2.5-10g	3-8lb	2	本体45,000円+税
Phalanx twin F reV 6'06"	6'6"	75g	3-10g	3-8lb	2	本体46,000円+税

05 使い勝手のよいマルチピース ▼マジカルトラウトULフラッシュ〈スミス〉

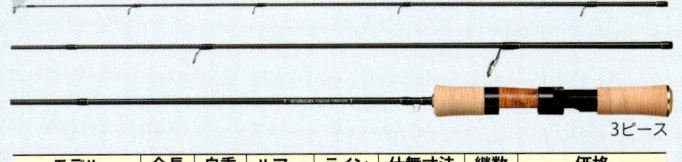

3ピース  / 振出

手頃な価格で、しかもマルチに使えるパックモデル。3ピースと、2016年4月に加わった6ピースの振出の2タイプ計5機種をラインナップ。いずれもコンパクトに収まり、携帯性は◎。ブランクは、外側と内側に復元力の高いカーボングラファイトを巻き付け、手首の返しだけで正確かつ低弾道のキャストが可能。ガイドは、小口径のFuji Kガイドを独自にセッティングし、振出は遊動式カーボンパイプを採用。リールシートは味わい深いナチュラルウッド製

モデル	全長	自重	ルアー	ライン	仕舞寸法	継数	価格
MT-S50ULM/3	5'0"	70g	1-5g	1-4lb	54.5cm	3	本体27,000円+税
MT-S56ULM/3	5'6"	73g	1-5g	1-4lb	59.5cm	3	本体28,000円+税
MT-S60ULM/3	6'0"	79g	1-5g	1-4lb	64.5cm	3	本体29,000円+税
MT-TES50ULM	5'0"	66g	1-5g	1-4lb	38cm	6	本体29,000円+税
MT-TES55ULM	5'5"	70g	1-5g	1-4lb	39cm	6	本体30,000円+税

06 渓流はこれ一本でOK ▼トラウティンスピン SALUCO〈スミス〉

2016年に誕生したオールマイティーロッド。ミノーをメインに、スプーンやスピナーなどさまざまなタイプのルアーを駆使してトラウトを攻略すべく開発。モデル名の『SALUCO』とは、Stream All Lures Conceptの頭文字からネーミング。ルアー&ラインキャパシティが共通の2機種をラインナップ。『TSS-49』はボサ川や小渓流、『TSS-53』は一般的な渓流にマッチ。ともにライトパワー。ガイドは操作性や感度にすぐれたチタン製Fuji MNST+スモールKガイド

モデル	全長	自重	ルアー	ライン	継数	価格
TSS-49	145cm	60g	2-8g	3-5lb	2	本体41,000円+税
TSS-53	160cm	66g	2-8g	3-5lb	2	本体42,000円+税

07 さまざまなシーンをカバーする13機種 ▼トラウティンスピン インターボロンXX〈スミス〉

MTシリーズ / SDシリーズ / MSDシリーズ

多様なラインナップを誇る中・上級者向けのシリーズ。『MT』の6機種は、ミノーの操作性に特化したミノートゥイッチングモデル。『SD』の3種類は、スムーズなトルク配分により、スプーンやディープミノーの泳ぎを引き出すスプーン&ダイバーモデル。『MSD』の3機種は、さまざまなルアーに対応するミノー・スプーン・ダイバーモデル。本流の流れに負けないパワフルなブランクが特徴。『BSP』は湖の深場を攻略するために設計されたボトムスペシャル仕様

モデル	全長	自重	ルアー	ライン	継数	価格
IBXX-50MT	5'0"	84g	1-6g	2-5lb	2	本体44,000円+税
IBXX-53MTH	5'3"	86g	2-8g	2-6lb	2	本体46,000円+税
IBXX-56MT	5'6"	87g	1-7g	2-5lb	2	本体46,000円+税
IBXX-60MT	6'0"	97g	2-8g	2-6lb	2	本体48,000円+税
IBXX-66MT	6'6"	111g	3-10g	3-8lb	2	本体50,000円+税
IBXX-72MT	7'2"	126g	4-12g	4-8lb	2	本体54,000円+税
IBXX-56SD	5'6"	89g	2-8g	2-6lb	2	本体46,000円+税
IBXX-64SD	6'4"	105g	3-10g	3-8lb	2	本体50,000円+税
IBXX-73SD	7'3"	128g	5-15g	5-10lb	2	本体54,000円+税
IBXX-77MSD	7'7"	137g	7-21g	6-12lb	2	本体58,000円+税
IBXX-83MSD	8'3"	155g	7-25g	6-14lb	2	本体61,000円+税
IBXX-88MSD	8'8"	159g	8-28g	6-14lb	2	本体62,000円+税
IBXX-87BSP	8'7"	170g	8-28g	6-14lb	2	本体62,000円+税

Trout Collection

08 振出モデルが充実 ▼アブ・ガルシア トラウティンマーキス〈ピュア・フィッシング・ジャパン〉

TE/スピニング

TE/ベイト

モデル	全長	自重	ルアー	ライン	仕舞寸法	継数	タイプ	価格
TMNS-485UL MGS-TE	4'8"	61g	1.5-5g	3-6lb	42cm	5	スピニング	本体19,000円+税
TMNS-516L MGS-TE	5'1"	65g	2-8g	4-8lb	45cm	6	スピニング	本体20,000円+税
TMNS-566L MGS-TE	5'6"	68g	2-10g	4-8lb	46cm	6	スピニング	本体20,000円+税
TMNC-485UL MGS-TE	4'8"	67g	2-8g	3-6lb	46cm	5	ベイト	本体19,000円+税
TMNC-516L MGS-TE	5'1"	72g	2-8g	4-8lb	48cm	6	ベイト	本体20,000円+税
TMNC-566L MGS-TE	5'6"	75g	2-10g	4-8lb	49cm	6	ベイト	本体20,000円+税
TMC-482L MGS	4'8"	73g	1.5-4.5g	2.5-6lb	74.1cm	2	ベイト	本体21,000円+税
TMC-512L MGS	5'1"	75g	2-5g	3-6lb	80.6cm	2	ベイト	本体21,500円+税
TMC-562L MGS	5'6"	81g	2-6g	3-6lb	87.1cm	2	ベイト	本体22,000円+税

渓流域に適したテレスコピックモデル『TE』（振出）と、2ピースのベイトモデルを展開。テレスコの6機種はナノカーボン仕様の新型ブランクを搭載し、フッキング性とアキュラシー性を両立。ガイドはライントラブルの少ないKRガイドとマイクロガイドシステムを併用。2ピースのベイトモデルは渓流ベイトフィネス用。4'8"は繊細なルアー操作が得意。5'1"は最初の一本に最適。5'6"はバットにパワーがある。全機種、軽量のAIRグリップを搭載

09 安心の道内ブランド ▼ブラキストン〈D-3カスタムルアーズ〉

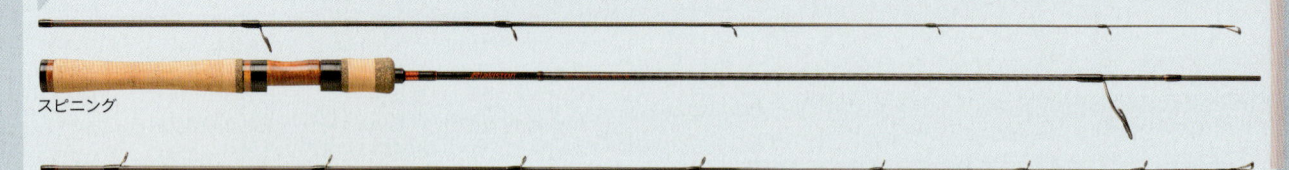

スピニング

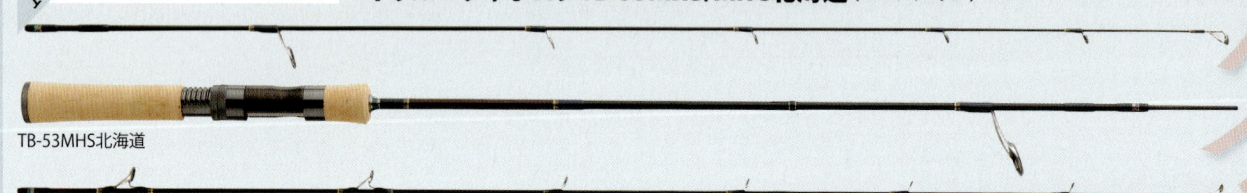

ベイト

モデル	全長	ルアー	ライン	継数	タイプ	価格
BKT-500L	5'0"	2-6g	3-6lb	2	スピニング	本体38,000円+税
BKT-511L	5'11"	2-8g	2-6lb	2	スピニング	本体43,000円+税
BKT-611L	6'11"	3-10g	4-8lb	2	スピニング	本体43,000円+税
BKT-706ML	7'6"	7-23g	6-12lb	2	スピニング	本体45,000円+税
BKT-511LBC	5'11"	2-8g	2-6lb	2	ベイト	本体43,000円+税

道内メーカーが提案する専用モデル。強さ=硬さの概念を払拭した、しなやかつ筋肉質のブランクが特徴。ラインナップは5機種。『500L』は渓流ミノーイング用。『511L』は同シリーズを代表するフラッグシップモデル。『611L』は開けた渓流から中流域をカバーするミドルレングス。『706ML』は中・本流や湖に適したミディアムライトアクション。『511LBC』は操作性にすぐれたベイト。いずれも、正確なキャスト、繊細なアクションが持ち味

10 2016年春リリースの最新作 ▼トゥルーチャボロンTB-53MHS/MHC北海道〈エム・アイレ〉

TB-53MHS北海道

TB-53MHC北海道

モデル	全長	ルアー	ライン	継数	タイプ	価格
TB-53MHS北海道	5'3"	2-14g	3-8lb/PE0.4-0.8号	2	スピニング	本体61,600円+税
TB-53MHC北海道	5'3"	2-14g	3-8lb/PE0.4-0.8号	2	ベイト	本体62,700円+税

道内のフィールドに足繁く通う同社・正影雅樹さんが手掛ける北海道専用ロッドの最新作。このモデルは手返しを重視したショートタイプ。ねばりと反発力を備えた低弾性カーボンと、張りのある高弾性カーボンをコンポジットしたブランクを搭載し、全体的にトルクがある。キャスタビリティー性能にすぐれ、操作性や感度もグッド。同スペックのスピニング『S』とベイト『C』をラインナップ。ともに、アワビの飾り巻きを施すなど装飾にもこだわっている

11 奇麗なベンドカーブにくぎ付け ▼正影ボロンMB-70MHLS〈エム・アイレ〉

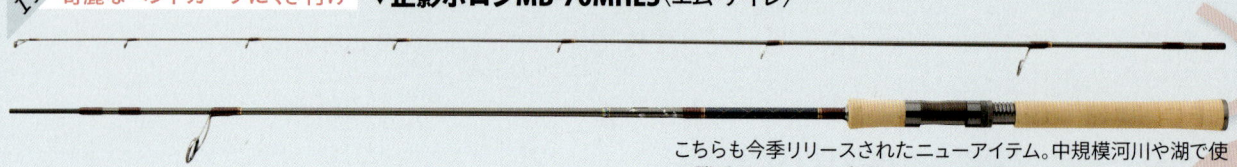

全長	ルアー	ライン	継数	価格
7'0"	2-13g	4-8lb/PE0.4-0.8号	2	本体72,280円+税

こちらも今季リリースされたニューアイテム。中規模河川や湖で使い勝手がよさそうな全長7フィート。奇麗なベンドカーブを描くパラボリックアクションに設定されており、インジェクションモデルだけでなく、バルサやウッドなどの軽量ミノーもキャストしやすい。前出の『TB-53MHS/MHC北海道』よりややライトな仕様だが、パワーは充分。このモデルもバット部にアワビの飾り巻きが施されている。ガイドは、Kガイド・トルザイトリングを装備

Rod　Reel　Line　Lure　Hook　Snap

リール

01 驚きの軽さ
▼アブ・ガルシア レボMGX
〈ピュア・フィッシング・ジャパン〉

2016年春にリリースされた新型スピニング。マグネシウム合金ボディーとC6カーボン製ローターを採用し、驚異的な軽量化を実現。また、ワンピースX-MAGギヤボックスに独自のアルミギヤをセットし、巻き心地も滑らか。コンパクトなカーボンハンドルはデザインも去ることながら、感度もグッド

モデル	基準ラインの糸巻量	自重	ギヤ比	最大巻上長(ハンドル1回転)	最大ドラグ力	価格
2000S	4lb-100m　PE0.6号-100m	175g	5.2	69cm	3kg	本体35,500円+税
2000SH	4lb-100m　PE0.6号-100m	175g	6.2	83cm	3kg	本体35,500円+税
2500S	6lb-100m　PE0.8号-150m	185g	5.2	73cm	5.2kg	本体36,000円+税
2500SH	6lb-100m　PE0.8号-150m	185g	6.2	87cm	5.2kg	本体36,000円+税
3000SH	8lb-150m　PE1.2号-150m	198g	6.2	96cm	5.2kg	本体37,000円+税

02 タフ&軽量モデル
▼アブ・ガルシア レボPRM
〈ピュア・フィッシング・ジャパン〉

こちらも同時期に発売された最新モデル。ブラック×ゴールドのカラーリングが高級感を醸し出す。アルミ製マシンカットギヤシステムと独自のボディーデザインを採用し、滑らかでタフな回転性能を実現。ベアリングは前出の『MGX』と同じ耐久性と耐食性にすぐれたソルトシールド+HPCR。ノブはEVA製

モデル	基準ラインの糸巻量	自重	ギヤ比	最大巻上長(ハンドル1回転)	最大ドラグ力	価格
2000SH	4lb-100m　PE0.6号-100m	183g	6.2	83cm	3kg	本体28,000円+税
2500SH	6lb-100m　PE0.8号-150m	199g	6.2	87cm	5.2kg	本体29,000円+税
3000SH	8lb-150m　PE1.2号-150m	209g	6.2	96cm	5.2kg	本体29,000円+税
4000SH	12lb-120m　PE2号-150m	265g	6.2	98cm	7.7kg	本体30,000円+税

03 渓流ベイトフィネスはコレで決まり!
▼アブ・ガルシア レボLTX-BF8/L
〈ピュア・フィッシング・ジャパン〉

渓流ベイトフィネスに最適な超軽量モデル。自重は同社ベイトリール『レボ』史上最も軽い129g。要となるブレーキシステムは好みに応じてマグネット数を増やせるマグトラックスIIIを搭載。ルアーのタイプやロッドの調子に合わせて微調整ができ、軽快なキャストが可能。ハイギヤ仕様。『L』は左巻き

モデル	基準ラインの糸巻量	自重	ギヤ比	最大巻上長(ハンドル1回転)	最大ドラグ力	価格
LTX-BF8/L	8lb-50m	129g	8.0	80cm	5.5kg	本体42,000円+税

04 強度も備えたアルミフレームボディー
▼アブ・ガルシア レボALC-BF7/L
〈ピュア・フィッシング・ジャパン〉

軽くて頑丈なアルミフレームを採用したベイト。前出の『LTX-BF8/L』と同じマグトラックスIIIブレーキシステムを搭載し、渓流ベイトフィネスに対応。カーボンマトリックスドラグ&ドラグクリッカーは滑らかに作動し、より高い負荷を掛けられる。いっそうのロープロ化が図られ、非常にパーミングしやすい

モデル	基準ラインの糸巻量	自重	ギヤ比	最大巻上長(ハンドル1回転)	最大ドラグ力	価格
ALC-BF7/L	8lb-50m	141g	7.1	71cm	7kg	本体36,000円+税

ライン

01 トラウトに適した8本撚り
▼ファメル PEストロング8
〈山豊テグス〉

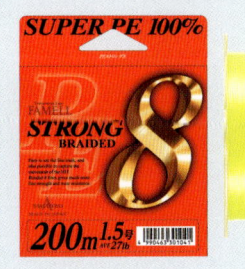

トラウトに最適な8本撚りのPEライン。真円に近い滑らかなイト質は、PE特有のイト鳴り音やガイドとの抵抗を軽減してくれる。また、ハードコーティング設計により、水切れがよく操作性も高い。カラーは視認性にすぐれたフラッシュレモン。ラインの軌道がよく分かり、タイトなアプローチもお手のもの

- 規格:0.6号(12lb)　0.8号(15lb)　1号(19lb)　1.2号(23lb)　1.5号(27lb)　2号(32lb)　2.5号(40lb)　3号(46lb)　4号(55lb)
- 全長:150m　200m　■価格:オープン

02 ハードコートでトラブルレス
▼ファメル PEレジンシェラー
〈山豊テグス〉

操作性を追求したハードコートPE。本体に特殊樹脂ハードコーティングを施すことにより、適度な張りとコシを実現。ガイドにイトが絡むなどのトラブルが軽減され、水切れもよくなっている。また、摩擦係数が低いため、耐摩耗性や耐久性も◎。カラーはグレーとオレンジの2色をラインナップ

- 規格:0.4号(6.5lb)　0.6号(9lb)　0.8号(11lb)　1号(14.5lb)　1.2号(18lb)　1.5号(22lb)　2号(29lb)　2.5号(32lb)　3号(39lb)　4号(54lb)
- 全長:150m　■価格:オープン

03 専用ならではの安心感
▼ファメル トラウト
〈山豊テグス〉

ミノーイングやスプーニングにマッチするトラウト専用ナイロン。しなやかでさらっとしたイト質が特徴だが、伸びを抑える低伸度設計を施し感度やフッキング性能を高めている。また、本体にトルクがあるため、トラウト特有のローリングするようなファイトにもしっかり対応。カラーはチタニウムブラウン

- 規格:0.4号(2lb)～3号(14lb)
- 全長:100m　■価格:本体1,200円+税

04 PEと好相性
▼ファメル 耐摩耗ショックリーダー/フロロショックリーダー
〈山豊テグス〉

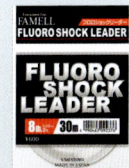

ラインシステムを組みやすいしなやかなショックリーダー。『耐摩耗ショックリーダー』は摩擦に強いスーパーハイブリッドナイロン製。『フロロショックリーダー』はソフトフィニッシュ設計のフロロカーボン製。ともにクリアカラー。ベストなどに入れてもかさ張らない薄型スプールを採用

- 規格:0.6号(2lb)～3号(12lb)　※耐摩耗ショックリーダーは0.8号～
- 全長:30m
- 価格:耐摩耗ショックリーダー=オープン　フロロショックリーダー=本体600円+税

Trout Collection

ルアー

01 ディープタイプもあり ▼バフェットドラス〈タックルハウス〉 ミノー

基本性能にすぐれたシンキング。ヘビーウエイトながらアップ、ダウンを問わず軽快な操作性を発揮。渓流域にマッチする3モデルを展開。『43drive deep』は専用リップを搭載したディープタイプ。特徴的なリップと前方に配分したウエイトにより、底層をしっかりトレースできる。すべて固定重心
- サイズ：43＝43mm4.5g　46＝46mm6g　43drive deep＝43mm5.6g
- 価格：本体1,600円+税（43＝本体1,500円+税）

02 キビキビ泳ぐフローティング ▼バフェット リリイ〈タックルハウス〉 ミノー

2016年に登場したフローティング。小粒のボディーにタングステンウエイトを搭載し、同社『ツインクルディープ』並みのキビキビとしたアクションを手に入れた。流れに乗せて送り込んだり、潜らせてシェイクしたり、浮かせてリアクションバイトを誘うなど使い方は多彩。潜行深度は70cm。固定重心型
- サイズ：45mm3g
- 価格：本体1,450円+税

03 トラウトに特化したHKカラーに注目 ▼ショアーズ ヘビーミノーSHM65/19〈タックルハウス〉 ミノー

丸みを帯びたコンパクトなボディーに、ウエイトをたっぷり積んだヘビーシンキング。本来はソルト用のアイテムだが、北海道のトラウトをターゲットにしたHKカラーを展開する。写真のサケ稚魚のほか、チャートヤマメ、マットチャートヤマメ、ピンクヤマメ、ブルーピンク、ブルーの6色をラインナップ
- サイズ：65mm19g
- 価格：本体1,300円+税

04 道内向けカラーもラインナップ ▼バフェット ミュート〈タックルハウス〉 ミノー

同社の代名詞ともいえるウッド製ミノー『ツインクル』の性能を忠実に再現したプラスチックモデル。押しの強い流れでも水面から飛び出しにくく、安定性はピカイチ。注目は道内のフィールドに特化したHKカラー。写真のチャートを始め、ニジマスやアメマスに効きそうな5色を用意。ヘビーシンキング
- サイズ：50＝50mm5.5g　60＝60mm7.8g　80＝80mm12.5g
- 価格：本体1,500円+税（80＝本体1,600円+税）

05 本流や湿原河川に◎ ▼ビットストリームFD73/95〈タックルハウス〉 ミノー

スイミング性能にこだわったミディアムサイズ。複雑で水押しの強い流れでも引き重りせず、水面に飛び出すことなく足もとまできっちり泳ぎ切る。『FD73』、『同95』は潜行深度が1m、1.1mのフローティングディープ。このほか、フローティング『F95/FMD95』とシンキング『SS73/SMD95』がある
- サイズ：FD73＝73mm7g　FD95＝95mm11g
- 価格：FD73＝本体1,700円+税　FD95＝本体1,800円+税

06 往年の名作 ▼ツインクル（フローティング）〈タックルハウス〉 ミノー

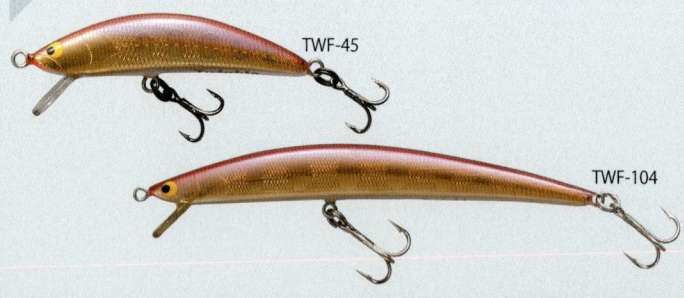

TWF-45
TWF-104

記念すべき同社の第1号ルアーがコレ。現在まで数度のモデルチェンジをしているが、ウッド製ならではの水なじみのよさ、S&Fリップがもたらす素早い立ち上がり、小魚を思わせる繊細なデリカシーローリングアクションなど基本コンセプトは不変。ステンレスワイヤ、固定重心を採用。シンキングもある
- サイズ：45mm1.6g　60mm2.3g　75mm3g　90mm4.5g　104mm5.5g　123mm7.9g
- 価格：本体2,800～3,100円+税

07 フローティングとシンキングの2種類 ▼ロージーミディアムディープ〈フィールドハンター〉 ミノー

流れに強いと評判のミディアムディープ。ガンガントゥイッチを加えてもバランスを崩さず、ド派手なウオブリング＆ローリングアクションでバイトを誘う。遠投性にすぐれたタングステン重心移動システムを搭載し、サーチ能力も高い。フローティング『F』とシンキング『S』をラインナップ
- サイズ：40F/S＝40mm2.3g/3g　60F/S＝60mm5.2g/6.5g　80F/S＝80mm9.6g/11g
- 価格：本体1,200～1,400円+税

08 深場の大ものを誘い出す ▼ロージーゾーン80SS〈フィールドハンター〉 ミノー

先に紹介した『ロージーミディアムディープ80S』のスーパーシンキングバージョン。自重が2gアップしているが、キレのあるウオブリング＆ローリングアクションは健在。ヒラ打ちやダートなどを駆使し、ディープエリアに潜むビッグトラウトを誘い出す。タングステン重心移動システムを搭載
- サイズ：80mm13g
- 価格：本体1,300円+税

| | Rod | Reel | Line | Lure | Hook | Snap |

09 ヘビシンといえば　ミノー
▼D-コンタクト〈スミス〉

トラウト用ヘビーシンキングミノーの代表格。トゥイッチ時に見せる慣性スライドが武器。姿勢を立て直そうとしつつもねじれながら進み、バイトを誘う。また、独自の肉薄ボディーとへの字型シェイプはヒラ打ちやローリング時のアピール度が高く、リアクションバイトもねらえる。4サイズをラインナップ
■サイズ：50mm4.5g　63mm7g　72mm9.5g　85mm14.5g
■価格：本体1,600〜2,000円＋税

10 ビギナーこそ使いたい　ミノー
▼D-コンセプト48MD〈スミス〉

同社ヘビーシンキングミノー『D』シリーズ初のミディアムディープタイプ。キレのあるアクションと、スムーズに潜ることをテーマに2016年2月に誕生。潜行深度は止水、4lbライン使用で1.5m。強めのトゥイッチでも水面から飛び出しにくくビギナーでも扱いやすい。もちろん、タダ巻きで使ってもOK
■サイズ：48mm5g　■価格：本体1,700円＋税

11 ザ・スタンダード　ミノー
▼ディアス/カスタムモデル〈ハードストリームス〉

泳ぎ、レスポンス、シルエットなどミノーに求められる性能を追求したシンキング。設計時に工夫を凝らし、シングルフックに交換しても本来のアクションを損なわない。2016年5月に登場した写真の『カスタムモデル』は自然光を乱反射する側面クリアボディー＋アルミパーマーク仕様の限定品（『S』のみ）
■サイズ：50SS＝50mm3g　50S＝50mm4g　65SS＝65mm5.3g　65S＝65mm6.7g
■価格：本体1,500〜1,660円＋税

12 流れに強いシンキングシャッド　ミノー
▼バルキッド〈D-3カスタムルアーズ〉

渓流用に設計されたシンキングシャッド。流れのなかでの操作性と、ロッドワークに機敏に反応するレスポンスが持ち味。ボリューミーな形状ながら引き心地は軽く、直線的なアップストリームから急流のダウンストリームまで幅広いアプローチに対応。アクションはピッチの速いタイトな動き
■サイズ：50mm5g　■価格：本体1,500円＋税

13 よく泳ぐヘビシン　▼アリ〈サンレアル〉　ミノー

「より深く。より攻撃的に」をコンセプトにしたハンドメイドタイプのヘビーシンキング。泳ぎを追求した3アイテムを展開。『50』はファットボディーの『F』と細身の『S』の2機種をラインナップ。『60』と『70』は2016年5月に発売されたばかりの最新モデル。開発に3年掛け、徹底的に作り込んだ。カラーは『50』が10色。『60/70』が7色
■サイズ：50S-S＝50mm4g　50S-H＝50mm5g　50S-UH＝50mm6g　50F-S＝50mm4g　50F-H＝50mm6g　50F-UH＝50mm8g　50F-EXH＝50mm10g（予定）　60＝60mm16g　70＝70mm18g
■価格：50＝本体2,000円＋税　60/70＝本体2,300円＋税

14 セミルアーの代表格　トップウオータープラグ
▼エルフィン ラージシケイダー/改〈タックルハウス〉

春ゼミにマッチしたルアーがほしいとの要望から生まれた道内でも人気のセミルアー。『ラージシケイダー改』はさらなる飛距離を求めウエイトを1g増加した遠投仕様。リトリーブ時のサウンドは『ラージシケイダー』が低音なのに対し『改』がやや高音。浮き姿勢は前者がほぼ水平。後者が若干尻下がり
■サイズ：ラージシケイダー＝46mm4.3g　ラージシケイダ改＝46mm5.3g
■価格：本体1,400円＋税

15 水面直下が主戦場　トップウオータープラグ
▼エルフィン クリケット〈タックルハウス〉

コオロギを模したフローティングタイプの虫ルアー。水面下15cmのエリアを攻略すべく、水平浮きとS字ロールアクションに磨きを掛けた。デッドスローはもちろん、ミディアムリトリーブでも潜りすぎず、表層を意識しているトラウトに確実にアピール。浮力を抑えているため、フッキングも良好
■サイズ：37mm2g　■価格：本体1,300円＋税

16 元祖フロントワイド　スプーン
▼バックス〈アングラーズシステム〉

前方部の幅が広いフロントワイドボディーを採用した初のモデル。一般的なシルエットに比べ浮き上がりにくく、手前までしっかり探れるのが特徴。本流や湿原河川のヒットルアーとして知られ、特に道東では欠かせない一本。サイズやカラーバリエーションが豊富で、さまざまなシチュエーションに対応する
■サイズ：3.8g　5.1g　6.5g　8g　9.3g　11g　12.3g　14.3g　16.3g　18.3g
■価格：本体470〜850円＋税

17 対ビッグトラウト用　スプーン
▼ノーザンバックス〈アングラーズシステム〉

北海道のビッグトラウトをターゲットにした『バックス』の兄弟モデル。円錐の頂部をカットしたようなコニカルスケールとボディー全体の2/3を厚くし残り1/3を極端に薄くするブローウェーブ加工という2つの新技術を採用し、泳ぎとフラッシングがさらに進化。同社によると、いずれも世界初の工法だそう
■サイズ：18g　■価格：本体650円＋税

18 ヘビーな肉厚仕様　スプーン
▼バックスデイトナ〈アングラーズシステム〉

同社を代表する『バックス』を肉厚化したのがコレ。シルエットはそのままに自重がアップしているため、飛距離や沈下性能が一段と向上している。15gと18gは『バックス』12.3gがベース。22gと25gは2015年にラインナップに加わったヘビーウエイトモデル。いずれも本流のディープゾーンや湖の攻略に◎
■サイズ：15g　18g　22g　25g
■価格：15/18g＝本体620円＋税　22/25g＝本体650円＋税

19 流れのなかでの操作性はピカイチ　スプーン
▼オリエン〈アングラーズシステム〉

こちらもフロントワイドボディーを採用した一枚。水を受け流す細身のフォルムが特徴。流れのなかでの操作性にすぐれ、特に押しの強い瀬の攻略に向いている。アピール力も高く、表面に刻まれたウロコのような3Dスケールが絶妙なフラッシングを発生。アクションは『バックス』譲りの8の字ウオブリング
■サイズ：4g　5.9g　7g　8g　15g　19g　■価格：本体470〜620円＋税

Trout Collection

097

20 本流ご用達
▼ツインクルスプーン〈タックルハウス〉 スプーン

本流用に設計されたシリーズ。浮き上がりを抑えるため、ボディー中心部を肉厚化する一方、サイドをシェイプカットし、自重とバランスを確保。また、テール部のアールを深くすることで流れを確実にとらえ、しっかりアクションする。定番カラーのほか、シルバーベースのファクトリーカラー3色を展開

- サイズ：29mm2g　38mm3.5g　44mm5g　48mm6.5g　53mm9g　69mm13g　80mm18g
- 価格：本体750～1,040円+税

21 フラッシングで誘う止水用
▼タックルスプーン〈タックルハウス〉 スプーン

こちらは湖などの止水用。止水では小魚がヒラを打つときに発する煌めきが特に重要と考え、フラッシングを徹底的に追求した。結果、フリークの間で美しい輝きを放つスプーンとして高い評価を得ている。アクションも秀逸で、特にスローリトリーブで持ち味を発揮する。カラーは全9色

- サイズ：41mm3g　51mm5g　56mm7g　63mm10g　68mm13g　73mm16g
- 価格：本体640～800円+税

22 渓流に特化
▼ド・アップ〈フィールドハンター〉 スプーン

渓流域での使い勝手を追求したのがこのモデル。川幅が狭くクロスに投げられない、これ以上立ち込むと魚にプレッシャーが掛かり、アップでねらうしかない。そんな場面で威力を発揮。テストを重ね作り上げたボディーは直アップやクロス&ダウンストリームで魅惑的な動きを見せる。カラーは12色

- サイズ：50mm5g/7g
- 価格：5g=本体540円+税　7g=本体560円+税

23 天然日本アワビを使用
▼デベロップシェル〈フィールドハンター〉 スプーン

道内で人気のシェル貼りスプーン。ダイヤカットした天然日本アワビを贅沢に使い、表面には耐久性にすぐれたハードコーティングを施す。やや細身のシルエットは水押しの強い流れでも浮き上がりにくく、最後まで安定した姿勢をキープ。カラーは多彩な28色をラインナップ。シングルフックを標準装備

- サイズ：32mm3g　40mm5g/7g　48mm10g　54mm14g　60mm18g/22g
- 価格：本体680～740円+税

24 カラバリが豊富なアワビ貼り
▼ルアーマン701シェル〈フィールドハンター〉 スプーン

前出の『デベロップシェル』同様、天然日本アワビをふんだんに使用したシェル貼りモデル。同じくハードコーティングフィニッシュを施し、塗装やコーティングの破損を軽減。ややワイドなシルエットは水をしっかりとつかみ、デッドスローでも小気味よいパワフルなウオブンロールアクションをみせる

- サイズ：37mm3g　41mm5g/7g　50mm10g　57mm13g　65mm17g
- 価格：本体640～680円+税

25 ベースはあの鉄板ルアー
▼シー.ミッション リバー&レイクシリーズ〈フィールドハンター〉 スプーン

海アメ、海サクラのヒットルアーとして有名なジグスプーン『シー・ミッション』をフレッシュウオーター用に改良したのがコレ。河川や湖に適した仕様にチューンし、カラーラインナップも一部変更されている。定評のあるレンジキープ力、遠投性、派手なローリングアクションは健在。カラーは全14色

- サイズ：44mm7g　52mm12g
- 価格：7g=本体620円+税　12g=本体660円+税

26 水中で煌めく両面ハンマード
▼ガルフ〈ハードストリームス〉 スプーン

両面にハンマード加工を施した肉厚モデル。水中で艶めかしく輝き、すぐれた集魚効果を発揮。また、自重の割りにシルエットが小さいためボトムまで素早く沈み、飛距離も稼ぎやすい。アクションは不規則なウオブリング。2016年春、写真の源流イワナを始めとしたベイトフィッシュを模した7色が仲間入り

- サイズ：36mm5g　46mm10g　56mm14g
- 価格：5g=本体580円+税　10g=本体600円+税　14g=本体630円+税

27 多彩なカラーリングが魅力
▼ブレイド/HMAあわび〈ハードストリームス〉 スプーン

HMAあわび

『ブレイド』は定番色に加え、ラメ入りや道内のフィールドを意識したKDカラーなど、多彩なカラーラインナップが魅力。『同HMAあわび』は表面にハンマード加工を施し、裏面に日本アワビを貼り付けたハイアピールモデル。カラーは写真のアオギンを始め全6色。いずれもフラッシング効果はピカイチ

- サイズ：31mm3g　41mm5g/7g　52mm10g/13g　60mm17g/21g
- 価格：本体470～800円+税

28 ジグの要素をプラス
▼ギーガ/HMAあわび〈ハードストリームス〉 スプーン

ジグスプーンと呼ばれるモデル。細長い形状はジグ並みの飛距離を稼ぎ、水中ではスプーンならではのアクションでアピール。効果的な使い方はフォール&リトリーブ。前出の『ブレイド』同様、カラーバリエーションが豊富でラメ、KD、あわびカラーを展開。ハンマード+アワビの『HMAあわび』もラインナップ

- サイズ：65mm7g/10g　71mm12g/15g　88mm18g/23g/33g　130mm35g/45g
- 価格：本体560～980円+税

29 湖の大ものハンター
▼アドロワ プロビア〈シー・レーベル〉 スプーン

支笏湖を始め、洞爺湖や阿寒湖などでモンスタークラスの釣果報告が多数聞かれるスライド系スプーン。使い方はタダ巻きやトゥイッチのほか、横移動を意識したスパイラルスライドなど。写真のレッドゴールド・蛍光レッドPマーク/Gなど、裏面にハンマード加工を施した北海道限定カラー6色を展開する

- サイズ：69mm7g/14g　74mm10g/12g　80mm18g
- 価格：本体600～720円+税

30 特殊なボディー形状がミソ
▼D-Sライン〈スミス〉 スプーン

2016年3月に登場したニューモデル。フロントからテールへ向かってボディーが湾曲するS字ベンドフォルムが最大の特徴。着水すると素早く泳ぎ出しダートスイムで猛烈にアピールを高めるサイト・バイトマーカーを設置。カラーは全12色

- サイズ：40mm5g　45mm5g/6.5g
- 価格：本体660円+税（6.5g=本体680円+税）

31 こだわりのダイヤカット
▼ドロップダイヤ〈スミス〉 スプーン

ボディー表面にサケ用スプーンで一般的なダイヤカット加工を施した一枚。ホログラムとは異なる輝きでトラウトを魅了する。ダイヤカットの効果を最大限に活かすべく、スイミング時の振り幅を抑え気味に設定。そうすることでダイヤカットの多面が細かい動きに追随し、よりキラキラとした乱反射を生み出す

- サイズ：29mm3g　36mm4g　42mm5.5g
- 価格：3g=本体560円+税　4g=本体580円+税　5.5g=本体620円+税

Rod　Reel　Line　**Lure**　Hook　Snap

32 サケだけじゃない　〈スプーン〉
▼ぐるぐるX/N〈リセント〉

人気のサーモン用モデル『ぐるぐるX』のトラウトバージョン。フラットな板状のボディーはリトリーブスピードや流れの変化に応じて、回転したりトリッキーに動いたりと、独自のアクションでアピールする。フォールで誘う場合は、回転を交えたカーブフォールが効果的。カラーは全10色
- サイズ：38mm5g　42mm7g　57mm10g　62mm14g/18g
- 価格：本体640～720円＋税

33 天然アワビの輝きで誘う　〈スプーン〉
▼パラシェル〈リセント〉

天然アワビをまとった渓流＆湖用。スローリトリーブではゆらゆらと泳ぐ一方、流れの強いポイントではしっかりと水をつかんでキビキビとしたアクションを見せる。また、水流の変化で時折バランスを崩し、弱ったベイトのような動きを演出。ボディーは塗装が剥げにくいUVコーティング仕上げ
- サイズ：7g　10g
- 価格：7g＝本体680円　10g＝本体740円＋税

34 使い勝手のよいオールラウンダー　〈スプーン〉
▼S.Swing〈キングフィッシャー〉

道内でもよく知られた宮城県のメーカーが手掛ける渓流・湖用。流れに強く使うシーンを選ばない万能モデル。アクションはピッチの速いウオブンロール。重さは4種類。3.5gが3g、6.5gが5.2gの肉厚バージョン。通常カラーのほか、写真のアワビ貼り仕様もある。フックはヴァンフック『SP-41MB』を装備
- サイズ：3g　3.5g　5.2g　6.5g
- 価格：本体420～680円＋税

35 細身のウイローリーフ型　〈スプーン〉
▼MS II〈キングフィッシャー〉

ウイローリーフタイプのシンプルな一枚。重さは3種類。14gはスローな誘いにマッチするシリーズ最軽量。18gは大河川や湖沼の標準サイズ。道内では十勝川のアメマスに実績がある。22gは増水時や水量の豊富なエリアに有効な肉厚タイプ。カラーはシルバーやゴールドベースなど共通の12色を展開
- サイズ：14g　18g　22g
- 価格：14g＝本体560円　18g＝本体580円　22g＝本体600円＋税

36 困ったときの切り札　〈スピナー〉
▼AR-S トラウトモデル〈スミス〉

投げて巻くだけで釣れるジョーカー的存在。回転性能にすぐれたAR-Sブレードは着水直後から素早く回転し、押しの強い流れのなかでも安定した泳ぎをみせる。イトヨレを軽減するローリングスイベルシャフト、低重心のティアドロップ型ボディーを採用。シェル仕様やトリックカラーなどカラーリングも豊富
- サイズ：9mm1.6g　10mm2.1g　14mm3.5g　17mm4.5g
- 価格：本体700～900円＋税

37 念じれば通じる!?　〈スピナー〉
▼きっとヒット〈フィールドハンター〉

スピナーの弱点ともいえるイトヨレを軽減するため、シャフトアイに極小のローリングスイベルを採用。ボディーはキレのあるエッジ形状に仕上げ、すぐれた直進安定性を実現。ブレードは低活性の状況にも対応すべく、回転性能に影響を与えないギリギリのサイズまで小型化している。カラーは全16色
- サイズ：34mm3g　39mm5g
- 価格：3g＝本体480円　5g＝本体500円＋税

38 珍しい虫型　〈スピナー〉
▼ファーラップ〈D-3カスタムルアーズ〉

虫をイミテートしたシンカーが特徴の最新モデル。小型低重心のFWシンカーはイトヨレを軽減するとともに、左右へ不規則なスイングアクションを生み出す。インラインブレードは低速域から素早く立ち上がり高速回転でアピール。ブレードはゴールド、シルバー、ブラックの3色を展開。カラーは計15色
- サイズ：4g
- 価格：本体900円＋税

39 地元の要望を具現化した北海道仕様　〈ジグ〉
▼シーランチャー〈ハードストリームス〉

道内アングラーが監修したご当地モデル。海アメ、海サクラ向けのヘビーウエイトをリリースした後、河川や湖向けの12gと17gを投入。左右非対称ボディーは巻くだけでアクションし、ミディアムリトリーブではウオブリング、ファーストではスラロームに変化する。遠投性にすぐれた後方重心設計
- サイズ：63mm12g　66mm17g　90mm30g　95mm40g
- 価格：本体900～1,200円＋税

40 内水面でも頼りになる　〈ジグ〉
▼トンデン ジュニア〈フィールドハンター〉

道内のショアで大活躍のジグ『トンデンオーシャンジグ』のリバー＆レイクモデル。トラウト用に重心、ウエイト、サイズを見直した3種類を展開。基本コンセプトはしっかり継承されており、キレのあるイレギュラーダートとウオブリングは健在。通常カラーのほか、天然日本アワビを使ったシェル仕様がある
- サイズ：40mm6g　50mm10g　55mm14g
- 価格：本体620～1,100円＋税

41 スプーンの要素を融合　〈ジグ〉
▼リーズ〈シー・レーベル〉

スプーンの特性を融合したハイブリッドモデル。体高のあるフラットなボディーはスローに引いてもよく動き、ジグならではの飛距離も併せもつ。効果的な使い方はタダ巻き、リフト＆フォール、トゥイッチ、ハイピッチやスローピッチのロングジャークなど。これらを織り交ぜ、ヒットパターンを探りたい
- サイズ：52mm21g　価格：本体1,200円＋税

42 湖用にチューン　〈ジグミノー〉
▼KJ-8〈リセント〉

海サクラのヒットルアーとして一世を風靡した『KJ-11』をフレッシュウォーター用にダウンサイジングしたのがコレ。湖を意識したウエイト＆サイズ設定を施しているが、定評のある遠投力はそのまま。空気抵抗の小さな細身のシルエットと相まって、沖のカケアガリまでカッ飛んでくれる。カラーは全8色
- サイズ：80mm10g
- 価格：本体1,300円＋税

43 トラウトもOK　〈リップレスミノー〉
▼月読〈サンレアル〉

本来はソルト用のモデルだが、トラウトを意識したカラーもラインナップされている。基本的な使い方は投げて巻くだけ。時折、大きくジャークしたり、トゥイッチを加えるといっそう効果的。サイズは3種類あり、最も大型の『110』は湖におすすめ。『F』はフローティング。『S』はシンキング
- サイズ：50＝50mm8g　70＝70mm12g　110F＝110mm20g　110S＝110mm28g
- 価格：本体1,700～1,950円＋税

Trout Collection

Rod　Reel　Line　Lure　Hook　Snap

フック&スナップ

01 信頼性の高い専用モデル
▼シュアーフックWトラウト/タテアイWトラウト 〈スミス〉

ループアイを採用したトラウト専用シングルフック。スプーンなどにマッチする横アイとプラグ用の縦アイがあり、カラーはゴールド『G』とブラック『B』の2色を展開。鋭いハリ先と自由度の高いダクロンアイが特徴。後者はファイト中の急激な走りやローリングに追従し、バラシを軽減。『G』は5本、『B』は6本入り
■サイズ：2G/B　3G/B　4G/B　5G/B　6G/B　7G/B　8G/B　9G/B
■価格：本体400円+税

02 スッと刺さるプラグ用
▼ME-41MB 〈ヴァンフック〉

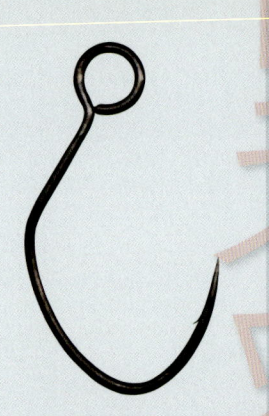

大型のアメマスやニジマスに対応するミディアムヘビーワイヤ仕様のネイティブ用シングルフック。ハリ先が鋭く、小さなアタリも逃さないプラグ用の縦アイモデル。本体に摩擦ゼロのフッ素コート・ゼロブラックメッキを施し、非常に刺さりがよい。魚へのダメージが小さいマイクロバーブ仕様。16本入り
■サイズ：(#) 6 4 3 2
■価格：本体580円+税

03 とにかく強いヘビー仕様
▼PL-59 〈ヴァンフック〉

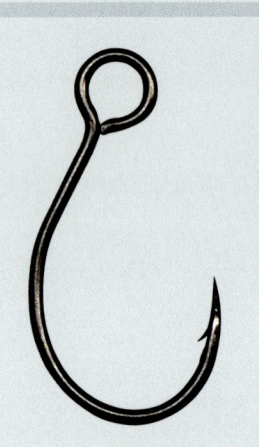

こちらもプラグ用の縦アイ型。トラウトのみならずソルトウオーターも視野に入れたヘビーワイヤモデル。耐久性にこだわり、フトコロ強度やハリ先の硬度を世界最高水準にまで引き上げた。軸は身切れしにくい丸軸を採用。『ME-41MB』と同様のフッ素コーティングを施し、貫通性能は◎。スタンダードバーブ仕様
■サイズ：(#) 4 2 1 1/0 2/0 3/0 4/0
■価格：本体580円+税

04 パワフルなスプーン用
▼SP-41MB 〈ヴァンフック〉

横アイ設計のスプーン用シングルフック。素材に頑丈な鋼材を採用したビッグトラウト専用モデル。極限まで鋭くしたウルトラシャープネスフックポイント、フッキング性能とバレにくさを追求した独自のロングテーパー&マイクロバーブが特徴。カラーはステルスブラック。ミディアムヘビーワイヤ仕様。8本入り
■サイズ：(#) 10 8 6 4 2 1 1/0
■価格：本体350円+税

05 掛けたら逃がさない段差
▼RT-31B 〈ヴァンフック〉

スプーン、ジグ、ジグミノー向けの段差モデル。フックはハイパワーカーボン鋼材を使用した高強度の管付きマスバリ。チチワに取り付けられたリングアイがミソ。ルアーの泳ぎをサポートし、バラシを軽減する効果がある。アシストラインは摩擦に強いケプラート製。ミニバーブ付き。カラーはステルスブラック
■サイズ：S M L LL 3L
■価格：本体400円+税

06 バーブ付きとバーブレス
▼カルティバ シングルフック55/シングル55 バーブレス 〈オーナーばり〉

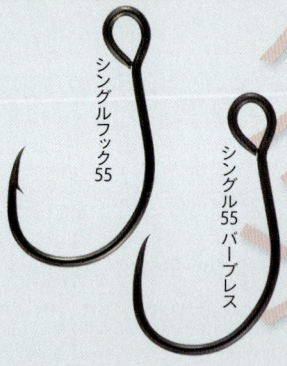

縦アイ型のミノー用シングル。ハリ先の向きが安定するティアドロップアイとプラグに最適なワイドゲイプが特徴。フトコロの絶妙なカーブがホールド性を高め、ローリングするようなアメマスのファイトやニジマスのジャンプにもしっかり追従。『シングルフック55』はバーブ付きモデル
■サイズ：12 10 8 6 4（12はバーブレスのみ）
■価格：本体300円+税

07 視覚に訴える赤バリもあり
▼カルティバ ループアイシングル81/レッド 〈オーナーばり〉

スプーンやジグなどにマッチする横アイのスイミングフック。テクノーラ組イトで作られたアイがミソ。バイト時の食い込みやフッキング後の追従性を高めるだけでなく、ルアーの動きを妨げず自然なアクションを演出。カラーはガンブラックと、トラウトを刺激するハイアピール仕様のレッドがある
■サイズ：4 2 1/0 2/0（4はガンブラックのみ。2/0はレッドのみ）
■価格：本体350円+税

08 ルアーを素早くチェンジ
▼カルティバ 耐力スナップ/ダイレクトスナップ 〈オーナーばり〉

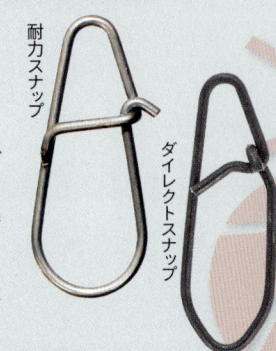

『耐力スナップ』は結び目がズレにくく、ルアーの動きを妨げないティアドロップ型。独自の溶接と処理を施し、開閉を繰り返しても変形しにくい。『ダイレクトスナップ』は特殊線材を使用し、直結に近い操作性を実現。力を逃さない一点集中フォルムを採用し、ロッドワークに機敏に反応
■サイズ：(#) 000 00 0 1 1.5 2（#000は『耐力スナップ』のみ）
■本体：350円+税

Trout Collection

トラウトコレクション

100

タックルとスタイルを考える

より深く
より快適に

ここからは、トラウトルアーの釣りをより快適に、より深く楽しむためにタックルとスタイルについて考えてみたい。まずはスピニングとベイトの基本をおさらいし、北海道でこそ注目したいベイトフィネスをピックアップ。スタイルは最も重要な足回りを中心にお届け。また、最低限覚えておきたいノットを紹介し、北海道で使用するアングラーが多いシングルフックを掘り下げる。

ロッド・リール・ライン
重要3種の選び方

淡水のトラウトルアーフィッシングでは、長きに渡ってスピニングタックルが主流になっているが、近年はベイトタックルも注目されている。それぞれの特徴や操作性の違いに加え、ロッド、リール、ラインの基本事項を解説。購入時の参考にしていただきたい。

上はスピニング、下はベイト。前者はロッドの下にリール、逆に後者は上にリールを装着する。上のロッドはハードストリームス『Phalanx twin FreV 5'11"』、リールはアブ・ガルシア『REVO MGX 2000SH』。下のロッドはアブ・ガルシア『Troutin Marquis Nano TMNC-516L MGS-TE』、リールは同『REVO LTX-BF8』

ベイトの場合、キャスト時はトリガーを人差し指と中指、リトリーブ時は薬指と小指で挟むのが一般的だが、手の小さい方はキャストもリトリーブ時も薬指と小指で挟んでOK。ただ、トリガーに指を掛けない持ち方だけはNG

両者の利点と難点

●スピニング

ベイトリールのように各種のブレーキ調整が必要なく、入門者でも扱いやすいのが最大の利点。また、超軽量ルアーでも投げやすく、ウエイトを問わずにキャストしやすい。難点としては、らせん状にラインが放出されるので、イトヨレが生じやすく、それがライントラブルにつながること。特にアップのアプローチなどで、ラインにテンションが掛かっていない状態で巻くとトラブルを招きやすい。

●ベイト

キャスト時はスピニングリールのようにベールを起こす手間がなく、常に触れている親指でクラッチのオン・オフを素早く切り替えられるので手返しがいい。また、リール本体とラインをダイレクトに触れているので、ボトムの状況や魚のアタリが伝わりやすい。スピニングと違い、縦方向から来たラインがそのままの向きで収まる構造でイトヨレが生じにくい。巻き上げ力が大きく、大ものとのやり取りがラクなのも利点だ。

難点はバックラッシュ。キャスト時に伸びていくラインの速度は、距離とともにしだいに遅くなっていくが、スプールは初めと同じ速度でラインを出し続ける。そうして、行き場を失ったラインがスプール内でぐちゃぐちゃになってしまうのがバックラッシュ。空気抵抗の大きい軽量ルアーを使用しているときに起こりやすい現象だ。

近年の主流は硬め

【ロッド】

●レングス

トラウトロッドと一口にいって

【ロッドの各部名称】
ティップ
トップガイド

スピニングロッドは径の大きいガイドが下向きで付き、グリップに突起がないことで見分けられる

ベイトロッドは径の小さいガイドが上向きで付き、グリップには矢印のトリガーと呼ばれる突起がある

メーカーがリリースするロッドの多くには、根もと部分（バット）に商品名とルアー、ライン表記などが刻印されている。その数値を参考に選ぶといい

2ピース以上のロッドのつなぎ部分（ジョイント）には、インロウ、並、逆並、振出がある。トラウトロッドに多いのは、写真のインロウ。バット側ブランクに接着された芯棒がティップ側に入る

エンドキャップの仕様はロッドによって違う。写真はロゴが刻印されているタイプ。そのほか、耐久性の高いコルクや金属パーツを採用しているタイプなどがある

も、フィールドは渓流、河川の中流域、本流、河口、湖沼などステージはいろいろ。そのため、各ステージとそこでメインになる対象魚のサイズに合わせて、ロッドの長さ（レングス）、硬さ（パワーアクション）を選択する。

　長さについては、トラウト用ロッドは短いもので3フィート、長いもので10フィートクラスまである。近距離をねらうのが中心の渓流は短め、遠投を要する規模の大きいステージは長めが基本。北海道のフィールドにマッチしている長さは、おおむね次のような感じ。渓流は5〜6フィート、河川の中流域は6〜7フィート、本流や河口、湖沼は7〜9フィート。

● パワーアクション

　硬さ（張り）は軟らかいほうから、一般的にUL（ウルトラライト）、L（ライト）、ML（ミディアムライト）、M（ミディアム）、MH（ミディアムヘビー）、H（ヘビー）と表記されている。最近はさらに細かく分けるメーカーもあり、SUL（スーパーウルトラライト）、XUL（エクストラウルトラライト）などの表記も見られる。しかし、同じ表記でもメーカーによって硬さは違う。たとえば、A社のライト表記がB社のミディアムライトと振り心地や曲げた印象が瓜二つ、なんてことはざら。「こんなはずじゃなかった」とならないように、カタログの表記を鵜呑みにせず、ショップで実際に触って選びたい。

　そうした理由で前述のステージに適した硬さを一概にはいえないが、小〜中型魚ねらいなら軟らかめ、逆に大型魚ねらいなら硬めを選ぶのが普通。また、目安になるのはルアーウエイトの表記。各ステージでよく使うルアーのウエイトに合ったロッドを選びたい。ルアーウエイトの表記を見て、「この硬さならもっと重いのを投げられそう」とか、反対に「まだ軽いのもイケそう」と思うかもしれない。軽いルアーを投げる分にはあまり問題ないが、表記ウエイトよりも重いルアーを投げるとロッドの破損につながりかねないので要注意。

　最近の傾向として、ロッドアクションを加えて高比重のルアーを動かすことを重視して設計されているものが多く、ロッドアクションを確実に伝えるために硬めのロッドが主流になっている。

これは振出（テレスコピック）。このようにコンパクトになるパックロッドは携帯性にすぐれ、旅先のちょい釣りなどに最適。以前は予備ロッドとしてみる人が多かったが、最近の振出は高性能だ

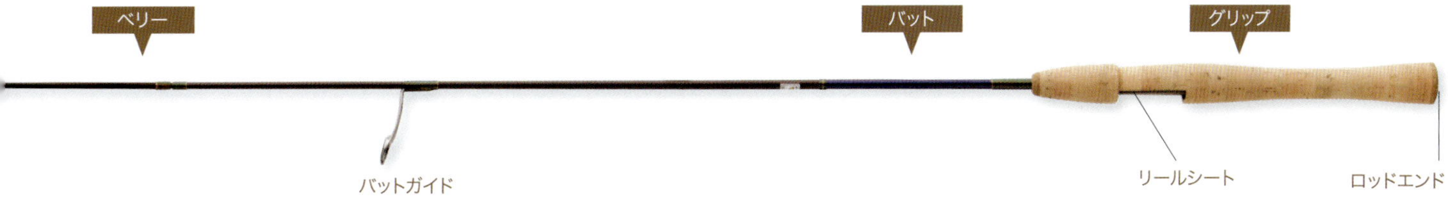

ベリー　　　　　バット　　　グリップ

バットガイド　　　リールシート　　ロッドエンド

ベイトは高性能が間違いない

【リール】

●スピニング

　ルアーフィッシングのターゲットが増えてから、リールの種類も多くなっている。メーカーのカタログを開くとシーバス用、トラウト用、管理釣り場用、バス用などがあり、どれを使っていいか迷う方は少なくないだろう。また、トラウト用は管理釣り場向けであることが多く、北海道の自然フィールドに適しているとはいえない。

　そこで、購入時の目安としては、自分の使いたいラインが100～150m巻けること。それを基準に予算と好みで選んで失敗はないと思う。最近はスプールの溝が浅いタイプが多く、ほしい番手でも巻きたいラインが入らないリールは少なくないが、私は渓流で1000～2000番、中流、本流、湖沼で2500～3000番を使用している。渓流～湖沼まで、何とか1台でカバーしたいのであれば、ナイロンライン2号（8ポンド）が150m巻けるリールをすすめたい。

●ベイト

　ベイトリールはバス用のイメージが強いが、最近は軽量ルアーにも対応する"ベイトフィネス"（P106～108参照）のスタイルがトラウトシーンでも注目され、それに適したリールも増え、スピニングに負けず劣らず種類が豊富になっている。

　ベイトリールには丸型と平たいロープロファイル型、2つの形状がある。丸型はダイワのリョウガ、アブ・ガルシアのアンバサダーが知られるが、ベイトフィネス用に限るとほとんど存在しないのが残念。丸型が少ないのはベイトリール全般にいえることで、現在は7割以上がロープロ型だろう。どちらがすぐれていると感じたことはないので好みでいいが、トラウトの愛好者は丸型を好む傾向にあるようだ。

　スピニングリールとの大きな違いは、値段によって使い心地が変わること。使用する最軽量ルアーのウエイトを考えて選ばないと、どんなに上達しても扱いにくく飛距離に不満が出る。特に軽量ルアーを多用する方なら、ロッドよりもリールにお金をかけたい。そうするとキャスト時のストレスが少なくなる。4g以下のルアーを快適に操作するには、ベイトフィネス用のリールが最適だ。

　ラインキャパシティーについては、ベイトフィネス用はフロロカーボンライン2号（8ポンド）が50mほど巻けるタイプが主流。それをふまえると、ベイトフィネス用は渓流や中流域にしか対応しない。そのほかは、ナイロンライン3号（12ポンド）が100m以上巻けるタイプがほとんど。なので、サイズに迷うことはないだろう。

万能なのは今もナイロン

【ライン】

●ナイロン

　ルアー用としてよく使われるラインはナイロン、フロロカーボン、PEの3種類。そのなかでも、昔から親しまれているのがナイロンだ。しなやかでライントラブルが少なく、シーズンを問わないオールラウンダー。これからルアーフィッシングを

【スピニング】

リールフット / ラインローラー / クラッチ / ドラグ / スプール / ハンドル / ハンドルノブ / ベイルアーム

【ベイト】

クラッチ / スプール / ハンドルノブ / メカニカルブレーキ / レベルワインダー / ハンドル / スタードラグ / リールフット

始める方におすすめしたい。また、ラインカラーも豊富ゆえ、自分の好きな色を選択できるのもグッド。昔も今も、私の使用頻度は一番。欠点といえば、伸びやすい特性から根掛かりなどで強く引っ張ると、ラインが伸びて強度が落ちやすいこと。ただ、上記3種のなかで最もリーズナブルな価格ゆえ、マメにライン交換すればそれほど問題はないだろう。

●フロロカーボン

見た目はナイロンに似ているが、ナイロンよりも伸びが少なく、表面は硬めに仕上がっているのが特徴。無色透明なものが大半で色付きは少ない。最大の利点は、ナイロンとPEに比べると擦れに強く、比重があるため水なじみがいいこと。伸びが少ない分、感度はナイロンよりも上。魚のアタリや底にルアーが到達した際、手もとにシグナルが伝わりやすい。根掛かりでの紛失を極力避けたい方や、岩盤帯や倒木が複雑に入り乱れているポイントに向いている。欠点は硬い分だけリールに巻いたときにスプールへのなじみが悪いこと。釣行前日にスプールに巻くと、釣り中にラインがフケて集中できない。釣りに行く1週間ほど前に巻いておきたい。

●PE

近年、使用者が急増しているライン。比重はナイロンとフロロカーボンに比べると最も軽い。以前に比べると価格帯が低い商品も出てきて、ナイロンとほとんど変わらない価格のPEもある。同じ太さで比較すると、ナイロンとフロロカーボンの2倍以上の強度を誇り、伸びはほとんどない。それゆえ、アタリと着底がダイレクトに伝わる。強度があるため根掛かり時の回収率も抜群だ。また、強度の割りにラインが細めなので、遠投性能もとても高い。私は、トップウオータープラグを使う場合と、湖や下流域などの遠投が必要になる場面で多用している。

ただ、いいことばかりではない。欠点としては、比重が軽い分だけ風に弱く、ラインにタルミが出やすいこと。風の強い日や軽めのルアーを使用しているときは、かえってアタリや着底が分かりにくいこともある。そして、ラインが柔らかい分、ガイドやロッドに絡んだりするライントラブルが多い。そのため、入門者にはあまりすすめにくい。また、引っ張り強度は高いのに擦れに弱く、岩や倒木などに干渉すると意外にあっさり切れてしまう。さらに、伸びが少ない分、衝撃に弱いので、ナイロンやフロロカーボンのショックリーダーを接続する必要がある。面倒臭がり屋な方には向かないかも……。そして、強度がアダになり、リールのギヤやシャフトに負担を掛けやすい。正しい使い方をしないとリールに不具合が生じ、修理に出さなければならなくなるので注意したい。

左から、ナイロン、PE、フロロカーボンのショックリーダー。それぞれ、『FAMELL TROUT』、『FAMELL PE STRONG 8』、『FAMELL FLUORO SHOCK LEADER』。いずれも、山豊テグス

●ベイトリールの ブレーキの種類と設定

フリーの状態になったスプールの回転を制動するための装置がブレーキで、バックラッシュを防ぐためのもの。メカニカルブレーキに加え、遠心力ブレーキ、マグネットブレーキなどがある。このうち、メカニカルブレーキはほとんどのベイトリールに付いている。なお、ブレーキシステムを使うと同時に、親指でスプールを押さえてブレーキを掛けるサミングも欠かせない。回転しているスプールに巻かれたラインに軽く触れ、手動でもブレーキを掛けるのだ

【遠心力ブレーキ】
スプールが回転する際の遠心力を利用してブレーキを掛けるシステム。ブレーキの大きさを変えるには、ボディー内部にあるパイプ状のブレーキを上下させて行なうタイプが多い

【マグネットブレーキ】
マグネットブレーキは磁力でブレーキを掛けるタイプ。制動力の強弱は、ダイヤルによって簡単に調整できる。メーカーによって構造は違っても、外からの調整が可能だ

【メカニカルブレーキ】
ハンドル側に付いている。スプールに対して外から圧力を加え、その摩擦によってスプールの回転を重くする。時計回りで回転が鈍くなり、バックラッシュしにくくなる

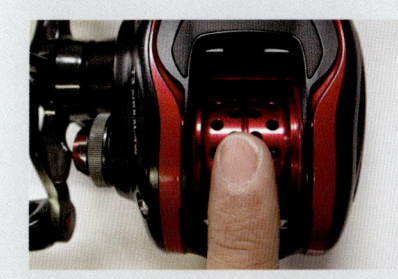

反時計回りで回転がよくなるが、緩めすぎるとスプールが(指で左右になでると)カタカタとブレる。ブレない程度に設定したい。ブレると回転にムラができ、飛ばなくなったりする

大ものが潜む流れでこそ ベイトフィネスは活きる！

ベイトリールの目覚ましい進化で驚くほど軽いルアーが投げられるようになり、トラウト用ベイトロッドが充実してきた近年、"ベイトフィネス"は渓流でも楽しめる時代になった。とはいえ、使いこなすにはちょっとしたコツが必要なのも事実。現代ベイトフィネスの流れも併せて紹介。

倒木が複雑に折り重なり、ヒットしてもその後が心配……。こんなポイントでこそ、ベイトタックルの持ち味が活きる

ボトム感知能力が非常に高いのが大きな利点。底を探る釣りでベイトタックルの本領が発揮される

数値はほぼベイトが上

「ベイトフィネスって、何？」という人のために、まずは簡単に解説したい。フィネスという言葉はバスフィッシングでよく用いられ、本来はスピニングタックルにより、細いラインと軽いリグでターゲットをねらうスタイルを指す。ただ、その難点として、たとえば4ポンド程度の細いラインを用いると、大型魚がヒットしたときにラインブレイクの危険性が高くなる。そこで、ある程度の太いラインに対応しつつ、スピニングに比べてやり取りがラクなベイトタックルによるフィネススタイル"ベイトフィネス"が誕生した。このスタイルは大流行し、ソルトシーンにも浸透。道内ではロックフィッシングにおけるベイトフィネスが定着し、その流れはトラウトの世界にも及んだ。

そうした背景のもと、メーカー各社からベイトフィネス用のロッドとリールが続々とリリース。バスやソルトに比べると、トラウト用はそれほど多くないものの、ここ数年でラインナップは充実してきた。ロッドの特徴を一言でいえば、軽くてしなやか。ルアーウエイトの範囲はスピニングロッドとほとんど変わらず、かなりの軽量ルアーにも対応する。

また、リールも軽量ルアーをスムーズにキャストできるよう、スプールが驚くほど軽くなった。リール本体の自重も軽く、ベイトフィネス用の大半は150g前後。かつてベイトリールの欠点だった、ギヤ比の低さも解消され、ハンドル1回転時の巻き取り長さは80㎝以上が珍しくない。

ここまで読み進めて「ギヤ比と自重は、スピニングリールとほとんど変わらないのでは？」と感じた人は少なくないかもしれない。そのとおり。具体的にアブ・ガルシアからリリースされている渓流に適したサイズのベイトとスピニングリールで比較してみると、ベイトリール『レボ LTX-BF8』はハンドル1回転時の巻き取り長さ80㎝、自重129g。これに対し、同社が誇るハイスペック・スピニングリールのハイギヤタイプ『レボ MGX 2000SH』は83㎝、175g。後者は、1回転時の巻き取り長さはわずかにベイトよりもリードしているが、自重はけっこうな差がある。他社の製品で比較すると、どちらもベイトリールの数値が上回っていることが多い。

進化を体感

● とにかく軽い

とはいえ、カタログ上の数値だけでは判断できない。やはり、実釣で試してみるのが一番だ。そこで、ベイトフィネスが初めてという友人と釣行したときの模様を交えて紹介したい。

まず、タックルを持った友人の第一声は「軽っ！」。友人が渓流で使っているスピニングリールの自重は250g。タックルバランスという言葉があるように、リールはロッドに装着すると数値ほど軽く感じないこともあるが、さすがに100gほど違うと差は明らかなようだ。

トラブルを最小限に抑えるよう、

ベイトリールの各種ブレーキを調整した後、一緒に釣り上がっていく。その途中、スピニングリールのようにベールを起こす動作がなく、クラッチ操作ひとつでキャストできるベイトは「確かに手返しがいい」と納得の表情を浮かべる友人。ビュンビュン撃ちながら軽快なスタイルで……といきたいところだったが、アキュラシーが問われる渓流はそう簡単にいかないようだ。ルアーがピンスポットに入らなかったり、逆に勢い余って対岸のボサに引っ掛けたり……。私もベイトを始めた頃はそうだった。

●リリースポイントが早い

そんな姿を見ていて気になったのは、垂らしが長いこと。ベイトの場合は垂らしなし、ほぼゼロから始めるのがおすすめ。そうすると、「キャスト方向が定まりやすくなりました」と笑顔。ベイトはスピニングに比べるとルアーの飛んで行くスピードが遅く、親指でスプールを押さえて手動ブレーキを掛けるサミングも行ないやすい。そのため、慣れさえすれば、ベイトのほうがピンスポットにルアーを落としやすい。

それでも、キャストの精度が落ちるのは、指を離すタイミング（リリースポイント）がスピニングとベイトでは違うため。ベイトは早めが基本になる。リリースポイントをつかみやすいように、ティップやガイドスレッドの視認性を高めているベイトロッドもあるくらいだ。スピニングと同じ要領でキャストすると真っすぐ飛ばず、ルアーを手前にバシャンと叩きつけてしまいがち。それはつまり、指を離すタイミングが遅いのだ。

これまでベイトタックルを使ったことのある人のなかには、「真上に投げるようにして」と誰かに教わったことがあるかもしれない。指を離すタイミングを大げさにたとえると確かにそういうこと。では、どうして指を早く離さなければならないのか？ それは、スプールが回転してラインを伸ばしていくという、ベイトリールの構造上の問題からだ。

となると、指を離すタイミングが分かりやすいロッドが望ましく、それはつまり、キャスト時にティッ

ベイトフィネス専用と、一般的なベイトリールのスプール重量を計測してみた。3倍以上も違う場合がある。これが軽量ルアーのスムーズなキャストに大きく貢献している

キャスト前に行なう設定

ベイトリールのドラグは、その形状からスタードラグと呼ばれる。よほど細いラインを巻かない限り、スピニングに比べると強めに設定する

クラッチを切るとルアーがゆっくりと落ち、地面に着いてもバックラッシュしない程度にメカニカルブレーキを設定する

マグネットブレーキは最初、MAXの値から始め、慣れてきたら半分くらいまで緩めていくといい

垂らしは、ほぼゼロにする。そのほうが正確なキャストを行ないやすい。ただ、ラインの巻き込みすぎには気をつけて

●バックラッシュしたら……

これがバックラッシュ。スプール内でラインがぐちゃぐちゃに……。とはいえ、この程度なら心配することはない

直し方は簡単。まず、クラッチを切って親指でスプールを軽く押さえながらラインを引き出していく

引っ掛かりがあってラインが出なければ、その部分を親指で押さえたままハンドルを1〜2回転させる。そして、再びクラッチを切ってラインを引き出す。これを繰り返せば、よほど重度のバックラッシュでない限りは直るはず

プの戻りが遅いアクションになる。入門者はティップが戻るまでに時間を稼げる、軟らかいロッドのほうが断然キャストしやすい。逆に、ティップの戻りが速い硬いロッドは、リリースポイントをつかむまでに慣れを要するかもしれない。

また、キャスト時にトラブルを軽減するには、ルアー負荷表示のMAXに近い重めのルアーを投げるのがベター。最初から軽量なトップウオータープラグに挑戦するのは難易度が高いだろう。

● ナイロンがおすすめ

ラインもスムーズなキャストを実現するために重要なアイテム。フロロカーボンはコイル状に巻きグセが付きやすく、ルアーが飛んで行くときにそれが抵抗になって飛距離が伸びにくい。やはり柔らかいナイロンが使いやすい。ただ、号数が太いと遠投しにくく、かといって細いとトラブルが起きたときに解くのが大変。ベイトフィネス用リールのラインキャパシティーを考慮すると、6〜8ポンドが適している。

さらに飛びをよくするには、リールメーカーなどから出ている高回転ベアリングを装着する手もある。写真はダイワ『SLP WORKS スプールベアリング』

重度のトラブルはなし

それなりにキャストできるようになった友人は「トラブルが少ない」ことに驚いていた。もちろん、懸念していたのはバックラッシュ。それこそ、長きに渡って渓流でベイトタックルが台頭しなかった最大の理由。しかし、リールは飛躍的に進化を遂げた。ベイトフィネス用に開発されたリールは、そうでない以前のリールと比べて、投げやすさは雲泥の差といっていい。

友人は何度かバックラッシュに見舞われたとはいえ、ラインを引き出すと修復できる軽度なものばかり。ラインどうしが複雑に絡み合って修復不可能だったり、相当に時間を要する重度のバックラッシュは一度もなかった。当初、「ちょいちょいライントラブルを起こして、けっこう苦労するんだろうな」と思っていたそうだが、自分でも感心するくらい快適に釣りが楽しめたようだ。

この日は状況もよかったのか、友人は40cmアップを3尾キャッチ。そんな好釣果に恵まれて実感したのは、「ベイトタックルだと、グッドサイズとのやり取りがとてもラク。バラシにくいといってもいいかもしれません」ということ。スピニングリールは縦方向から来るラインを横方向のスプールに巻き取る構造上、ベイトリールに比べるとテンションがどうしても希薄になりがち。その点、ベイトリールは縦方向から来たラインがそのままの向きで収まる構造のため、ダイレクトに魚の動きが伝わってくる。また、ファイト時のドラグ調整がスピニングより行ないやすく、魚の動きに合わせて余裕をもってファイトできる。このメリットは大きいと感じたという。ベイトリールならではの利点である巻き上げ力の強さにより、想像を越える大ものが掛かってもアングラーが主導権を握れるはず。

そして、「ボトムと魚のアタリの取りやすさもスピニングに比べて明らかに上」とも。スピニングタックルの場合、感度にすぐれたPEラインを巻くと、確かにボトムや魚のシグナルは伝わりやすくなる。「それでも、ベイトほどのダイレクト感はない。底をとっている感触を言葉で表現するなら、スピニングが"モソモソ"だと、ベイトが"トントン"」。ベイトリールの場合、リール本体とラインを常に手で触れているのが感度のよさに貢献している。

30cmに満たないヤマメやイワナだと、やり取りのしやすさはそれほど関係ないかもしれないが、60cmを超えるワイルドなニジマスやブラウントラウト、それにアメマスが小規模な渓流でもねらえる北海道では、ベイトタックルの持ち味が最大限に発揮される。ベイトフィネス、貴方もいかが？

● 専用オイルで飛距離アップ！

ベイトフィネス専用オイルをベアリング部（スプールとスプール受け）に注すと軽量ルアーがさらに投げやすくなる（左）
スプール受け部のベアリングにオイルを注す。余ったオイルは拭き取ること（中） スプールのベアリングにもオイルを注す。こちらも付けすぎると回転が悪くなることがあるので、余分なオイルは拭き取りたい（右）

安全×快適＝釣果アップ
足回りのセッティング

トラウトフィッシングのスタイルで最も気を遣いたいのは命にかかわるといっても大げさではないウエーダーやシューズといった足回り。近年はさまざまなタイプが出ていて、フィールドにマッチするものを選べば、安全性が高いのはもちろん、快適に釣りが楽しめる。ウエーダーとシューズ選びのポイントを解説。

濡れた斜面を登るときは、ラバーソールのグリップ力に分がある

透湿とネオプレーン素材

　トラウトフィッシングで欠かすことのできないアイテムといえばウエーダーだ。その素材は、ナイロンやゴアテックスなどの透湿系（汗を外に逃がしやすい生地を採用しているタイプ）と、ネオプレーン（保温性の高い生地を採用しているタイプ。クロロプレーンともいう）に分けられる。

　一年中釣りを楽しむベテランになると、夏シーズンと低水温時用に透湿系とネオプレーンを使い分けている人がほとんどだろう。初秋や晩秋以降の湖や河口などの流れが緩やかなフィールドでは、長時間に渡って水に浸かるうえ、あまり歩き回る釣りではないので、大半の人がネオプレーンのウエーダーを使用しているはず。

　では、夏シーズンに河川で履くウエーダーはどうだろう？　湿原河川のように川に浸かる時間が少なく、ヤブ漕ぎが避けられない場合は、生地に穴があくのを覚悟のうえで耐久性の高いナイロン。ウエーダー内の汗や結露が気になる人は透湿系を選ぶ傾向にある。

　自分のスタイル、行くフィールド、そして季節によってウエーダーを選ぶ基準は人それぞれだが、私は年齢を重ねるうち、より快適さを求めるようになった。年々、不快感や不便さがもろに疲労感やイライラにつながり、ときには怪我をしたり、集中力を欠いて釣りだけでなく翌日の仕事に支障をきたすことも……（もともと短気なのも原因のひとつ？）。学生時代はお金がないのもあり、5000円以下のナイロンウエーダーを履いて一年中釣りをしていて、真冬のウエーディング時は身体の芯から冷えたものだが、根性で立ち込んでいた記憶がある。それができたのも若さゆえ、今は耐えられない。

左がストッキングタイプ、右がブーツフットタイプ。前者はソックス部分に5㎜前後のネオプレーン素材を採用し、クッション性がよく歩きやすい

WADER & SHOES

藻が繁茂する渓流は、ピンを打ったフェルトソールが適している

ブーツフット or ストッキング

ウエーダーと一口にいっても、いろいろなタイプがある。最初から長靴が付いているものをブーツフット（長靴タイプ）、後からウエーダー専用のウエーディングシューズと呼ばれる靴を履くものをストッキング（ソックスタイプ）という。

どちらかというと、ブーツフットタイプの愛用者が多いと思うが、長距離を歩く人やスタイルを重視する人にはストッキングタイプが好まれている。とはいえ、ストッキングタイプ派は、ブーツフットタイプも持っている場合が少なくない。その理由を聞くと、ちょい釣りや泥だらけになるポイントでは、ブーツフットタイプが手軽だからという。両タイプを使い分けている人は、ブーツフットタイプをサブとして考えているようだ。私もどちらも持っているが、夏シーズンや長距離を歩く場合はストッキングタイプを履いている。

両者の利点

ブーツフットタイプは履いたらすぐに釣りができるので、準備から釣り開始までの時間が短くてすむ。また、長靴部分がゴムまたは塩ビ製ゆえ、手入れがとてもラク。手頃な価格帯が主流で、初めて購入するウエーダーとしておすすめだ。

一方、ストッキングタイプは靴を紐などで締めるので、足首がしっかりと固定される。そのため、長距離を歩く場合や川を横断するとき、あるいは斜面の歩行がすこぶるラク。疲労感が少なくとても快適だ。そして何より、カッコイイ。ある程度釣りにハマると、誰でもストッキングタイプのウエーダーに憧れを抱くに違いない。

しかし、ストッキングタイプに興味はあっても、値段が高いのと靴の種類やサイズ選びが難しそうで「何を選んだらいいのか分からない」という人もいる。ストッキングタイプのほとんどは透湿性の高い素材を採用しているが、生地の厚さや製法などで値段が違ってくる。予算に合わせて購入したいが、私の経験上、高いから値段の分だけ長持ちするのかと問われると、行くフィールドや使う頻度で変わってくるので「高いからいい」というわけではない。

そして、問題はウエーディングシューズ。かつてはフェルト底が一般的だったが、最近はゴム底やスパイク底もあり、ウエーディングシューズのラインナップは多彩。そこで次から、ウエーディングシューズの種類、それぞれの利点と難点、適したフィールドを考えてみたい（あくまでも私の使用感なので、各メーカーの製品特性と一致するものではないことを、あらかじめご了承いただきたい）。

靴底の種類

● フェルトソール

ウエーダーの靴底のなかで、最も使用されているタイプ。岩盤、ゴロタ場、砂場など、場所を問わずに無難なグリップ力を得られる。ただし、藻が生えた場所や泥、湿地帯などでは、フェルトが目詰まりを起こして滑りやすい。また、冬の釣りで一度濡れたフェルトは、氷点下だとカチカチに凍って滑りやすくなる。さらに、雪が付着して固まると、下駄のようになってメチャクチャ歩きにくいという欠点がある。

フェルトの色は白と黒があるが、どちらの寿命が長い、または滑りに

フェルトソールに雪が付着し、下駄状態に……。これで長時間歩くと疲労困憊は必至

くいと感じたことはない。フェルトを貼り換えるのは比較的イージー。メーカーに出すと6000～8000円で貼り換えてくれるが、安いウエーディングシューズを買える値段だ。それなら自分で貼り換えるか、最寄りのショップにお願いするのも手。

● **ラバーソール**

簡単にいえばゴム底のこと。ラジアル底とも呼ばれ、近年はメーカー各社からリリースされている。砂場や泥はもちろん、湿地帯や泥炭質の川底でのグリップ力はフェルトソールを凌ぐ。護岸の斜面を濡れたフェルトソールで歩き、滑って転んだ経験をした人は、ラバーソールだと遥かに滑りにくいと感じるはず。

冬はフェルトのように靴底に雪が付着せず、下駄状態にならないのもグッド。しかし、決して万能というわけではない。藻が付着した川底やフラットな岩盤では、フェルト以上に滑りやすい。慎重に歩かないとかなり危険だ。

● **短所を補うスパイクピン**

滑ると最悪な場合は転倒して流され、溺れることだってある。そこで、グリップ力を高めるのに、最初から2mm前後のピンを打ったフェルトソールが各メーカーから発売されている。さらに強力な後付けの大型スパイクピンも数社から出ている。大きさや形状はさまざまで、どれが一番滑りにくいかはすべて使用したわけではないので分からないが、かなりの効果が見込めるのは確かだ。

スパイクピンは自分の好みの場所に打ってかまわないが、力が加わりやすい指の付け根と踵付近に打つのが一般的。ただし、注意したいのは、たくさん打てばいいというものでもないこと。打ちすぎはかえって滑りやすくなったり、つまずく原因にもつながる。ほどほどがべ

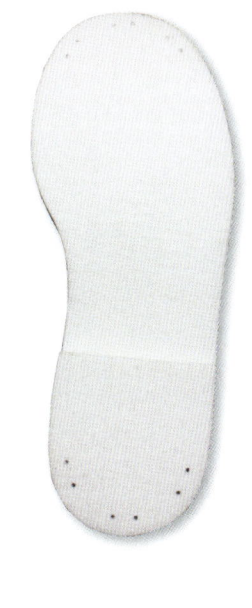

● **フェルトソール**

1足目なら、迷わずフェルトソールを選びたい。左は太目のスパイクピンを体重の掛かる広範囲に打ったタイプ。右は爪先と踵にピンを打ったタイプ。後者は滑り止めというよりは、フェルトの減りを遅らせるためのピンといえる

● **ラバーソール**

そのパターンはクルマのタイヤのように個性があり、ゴムの硬さもさまざま。基本的にはゴムが硬いと減りにくい。逆に軟らかいと減りやすいが、接地面積が大きくなることで滑りにくくなる利点がある

各メーカーから市販されている別売りのスパイクピン（上）。素材や形状はさまざま。メーカーによっては、ピンを打つ場所を分かりやすく示してくれている（右）

● **アルミバーソール**

見た目以上にグリップ力がある。新品だと光り輝く奇麗なアルミの板だが、使い込むほどに傷が付き、その摩擦力で滑りにくくなる

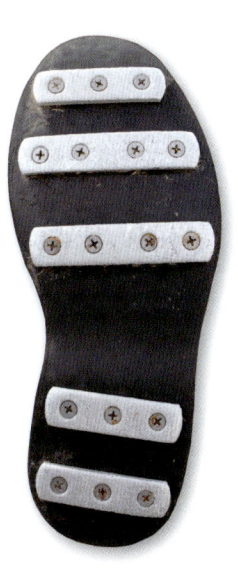

ターだ。

なお、ラバーソールに関しては、スパイクを打つ場所を分かりやすく記しているメーカーが多く、迷わなくてすむだろう。少々値は張るものの、快適な歩行と怪我予防に、大げさにいえば命を守るための買い物だと思えば安い。

● アルミバーソール

数年前、アウトドアメーカーからアルミのバーを靴底に並べたウエーディングシューズが発売された。最初に見たときは正直、滑りそうだと思ったが、これがなかなかのすぐれもの。店頭に並んでいる商品の表面はツルっとしたアルミの板だが、比較的軟らかい金属のアルミは、数時間歩いただけで傷が付いて表面がザラザラになる。そのひとつひとつの傷が石や岩盤に食い込み、高いグリップ力を得られる。

また、どの靴底よりも減りが遅いのも特徴だ。私は数年間使っているが、一度もアルミを取り換えていない。ちなみに、アルミはネジで固定されているだけなので、交換はイージーに行なえる。しかし、これ

脱ぎ履きしやすいようにサイドジッパーが付いているタイプ

シューズ上部のダイヤルを回すと、ワイヤが締まる構造のタイプ

靴紐のゴムを引くと締まるタイプ。紐を結ぶのが面倒な人に向く

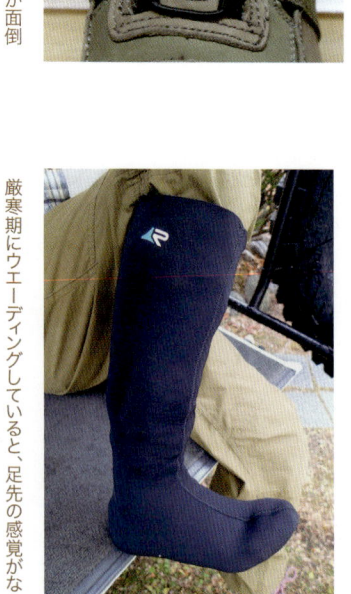

厳寒期にウエーディングしていると、足先の感覚がなくなるほど冷たくなる。そんなとき、伸びがあってクッション性にすぐれた、写真のようなインナーソックスを履いて対処するのも手

スケート用のひも締めは、ウエーディングシューズを脱いだり履いたりするとき、持っていると重宝するアイテム

も藻が生えた川底や氷上では、本来のグリップ力をなかなか発揮できない。特に凍った斜面では滑る。とはいえ、今後注目の靴底といえそうだ。

一足目におすすめは？

と問われると、やはり最も種類が豊富なフェルトソールのウエーディングシューズになる。冬期間を除き、安定したグリップ力は間違いない。ラバーソールやアルミバーはフェルトソールを持っていて「さらにもう一足ほしい」という人には向いていても、一足目としてはおすすめしにくい。しかし、行くフィールドが限られるのであれば、前述のようにラバーソールとアルミバーのほうがフェルトソール以上のグリップ力を得られるシーンもある。そのあたりをふまえて最適なタイプを選びたい。

ところで、最近は靴紐だけでなく、ワイヤをダイヤルで締め込むタイプや、紐自体がゴムでできていて引っ張るだけで締まるタイプもある。また、ジッパーを付け、脱ぎ履きしやすいタイプも出ている。ストッキングタイプを履くのが面倒だと思っている人は、店頭でチェックしてみたい。

自分の足に合ったサイズを

最後に、ウエーディングシューズを選ぶ際の注意点について。たとえば、足のサイズが26cmだとすれば、1サイズ大きい27cmモデルを選ぶのが基本だ。足が26cmでもウエーダーのソックス（靴下みたいな部分）はネオプレーン製で厚さが5mm前後ある。つまり、爪先と踵で1cmほど大きくなる（ただし、メーカーによってはそれを考慮し、大きめに作っている場合もある）。

また、夏場だけの使用なら問題ないが、晩春や晩秋の足の冷えが気になる季節は、厚手の靴下やネオプレーン製の靴下を履くときつく感じる。それもよく考えたい。ちなみに、厚さの違うインソール（中敷き）を2種類付属し、低水温時に厚手の靴下を履いても窮屈にならないように配慮しているタイプもある。

いずれにしても、試着しないで購入するのだけは避けたい。サイズが小さいと足が痛くなったり、逆に大きすぎるとソックス部分が中で遊び、ウエーダーの寿命が短くなることもあるからだ。

フロントに大型ジッパーが付くタイプは、小用をたす際に便利

冬でも雪の上を歩くと想像以上に汗をかく。そんな場合は、ネオプレーン素材を採用しているのが膝くらいまでのタイプが快適

大きめのチェストパックが付いたウエーダーは何かと便利。私は防水タイプのコンデジを入れているが、さっと取り出せるのでシャッターチャンスが増えた

●長く使うために……

ウエーディングシューズは濡れた場所で使うのが当たり前だが、使わないときは泥などの汚れを落としてから乾かしておきたい。どうせ来週も釣りに行くからといって、クルマに入れっぱなしにしておくと車中は結露し、シューズは乾かずいいことがない。真夏は仮に乾いたとしても、車中は灼熱地獄ゆえ、靴にいいはずがない。最悪の場合はソールが剥がれたり、靴が変形してしまう。使い終わったら家のなかで陰干しするのがベター。なお、物置で保管している人もいるだろうが、カビが生える原因になりやすい。

ソールの寿命は釣りに行く頻度にもよるが、アングラーの歩き方でも大きく違ってくる。踵を引きずるように歩くと、部分的にソールが減ってしまい、一年もたないことも。「オレは大丈夫」という人でも、いつも履いているウエーディングシューズのソールをチェックしてみたい。きっと誰でも歩き方にはクセがあり、減りの早い場所があるはず（ピンはそんな箇所に打つのが理想的）。それを意識して歩くか歩かないかで、ソールの寿命は変わってくる。

ウエーダーについては、特に透湿タイプは汚れた部分が蒸れやすいので、汚れたときは水洗いして陰干しする。汚れがひどいときは中性洗剤などで洗った後、撥水スプレーを吹き付けるといい。ブーツフットタイプはベルト部を吊るして保管すると、長靴の重さで長靴とウエーダーの接着部に負担が掛かり、水漏れの原因になるので避けたい。また、ネオプレーンウエーダーは内部の湿気がカビの原因になる。着用後に湿気が気になるようなら、長靴部に新聞紙を入れて湿気を取ってから保管したい。

USEFUL ITEMS

用意すべきアイテム
これは必携、あると便利

主要タックル以外にもそろえておきたいものがある。ここでは厳選し、9アイテムを紹介。とりあえず最低限、これらがあれば釣行時の快適度は大きくアップするだろう。

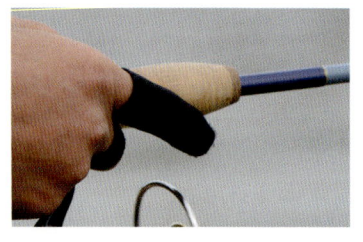

細いPEなら付けると安心
●フィンガープロテクター
指の保護というよりも、PEラインにダメージを与えないために使用する。スピニングタックルのキャスト時に指のザラザラでラインが摩耗し、それが原因で振り切れを起こすことがある。本流や湖での遠投時など、ラインに負荷が掛かりやすいシーンでフィンガープロテクターを装着したい。

そのハリ先、あまくない？
●シャープナー
ボトムとの接地時間が長いタイプのルアーは、どうしてもハリ先（フックポイント）があまくなりがち。マメにチェックし、必要に応じてシャープナーでハリ先を整えたい。ただ、根掛かりした後など極端にあまくなった場合は、フックを交換するのが無難だ。

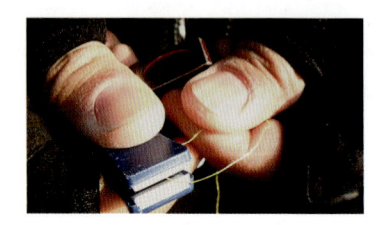

2タイプを使い分けて吉
●ラインカッター
PEライン用とショックリーダー用の2つを用意したい。どちらも1つのラインカッターで切っていると、早々に切れ味が悪くなってくる。PEラインをスパッと切るのにおすすめなのは、写真のセラミックタイプ。ショックリーダーは一般的な金属製タイプでOK。セラミックタイプは太いショックリーダーを切ると歯が欠けることがある。両者を使い分けるのが長持ちさせるコツだ。

回収率はけっこう高い
●根掛かり回収器
根掛かりが頻発する湿原河川だと、一日に何度も底を釣ってしまう。そのたびにラインを切っていては環境によろしくなく、懐も寂しくなる。私は学生時代から根掛かり回収器を必ず持ち歩いている。一日で元をとれることもあるスグレモノだ。

遭わないのが先決
●熊鈴
年々、ヒグマの目撃情報が増えているが、確かに釣り場で足跡や糞を見かけることが多くなった。遭わないためには、まずは人間の存在をヒグマに知らせること。最低限、熊鈴は付けたい。写真のD-3カスタムルアーズ『釣人専用熊鈴』は、ベルクロストラップで腕時計のように手首に装着でき、立ち止まってキャストやリトリーブをしているときでも鈴がジャラジャラ鳴ってアピールする。

厳寒期の必需品
●ラインスプレー
ラインをスプールに巻く前、あるいは巻いた後、ライン専用のケミカルスプレーを吹き付けると万全だ。飛距離アップが望め、ライントラブルも軽減してくれる。表面がツルツルしているナイロンやフロロカーボンだとそれほど気にならないが、ザラザラしているPEラインは効果が高いと感じていてささくれも起きにくい。PEラインを巻いているときは釣り中にも何度か使用するので、バッグやベストに常備している。特に、ガイドが凍る厳寒期は必携。ケミカルスプレーを吹き付けることでラインはもちろん、ロッドのガイドリングにも付着し、トラブルをかなり抑えられる。

おすすめのタイプ
●グローブ
厳寒期にはめるグローブに悩んでいる人は多いようだ。特に、気温が低い時期のベイトタックルでの釣りは、リールを包み込むように持つため、グローブの厚さが気になる。これまでは寒さを我慢して薄手のフリースグローブを使っていたが、最近は写真のグローブを愛用している。合成皮革のようなポリウレタン素材を採用し、グリップ力にすぐれているのが特徴。そのうえ、極薄ネオプレーン素材は濡れても吸水性が低いのもいい。

できれば3タイプほしい
●偏光グラス
紫外線や戻ってきたルアーから目を保護するためにも、偏光グラスは必ず掛けたい。偏光グラスは乱反射する光を調整し、水面のギラツキを抑えて水中を見やすくしてくれるアイテム。一般的には写真のブラウン系がどんな水質にもマッチするといわれているが、自分の場合は風景の色が違って見えて違和感を覚える。そこで、1つめにおすすめしたいのは、裸眼で見た本来の色に近いグレー系。2つめにブラウン系、そして3つめにマヅメ時や雨天時に明るく見えるイエロー系をそろえるといいだろう。なお、偏光レンズは熱に弱いため、クルマに置きっぱなしは絶対に避けたい。使用後は水で表面の砂塵を洗い流した後、メガネクロスで拭き乾燥させてから保管する。

今後の釣りに役立つ
●水温計
正直、以前はそれほど気にしていなかったが、近年は水温を記録するようにしている。翌週、翌年など釣行時の参考になるだろう。気温を知る目安にもなる、マイナス20℃まで対応するタイプを愛用している。

釣り用品なんでも買取します！

店頭買取では釣具以外もまとめて査定！釣具は宅配買取も利用可♪

タックルもルアーも1点1点、しっかり査定！しっかり買取！

釣り具は全道チェーンの なんでもリサイクル ビッグバン ゴルフランド お宝.倉庫 におまかせください！

コジマクラフト サムライ100	最高3,000円買取
CHASE 桜スナイパー	最高1,600円買取
アングルオリジナル 乱舞90mm	最高1,800円買取
コジマクラフト カブキメタル35	最高800円買取
MSTハンドメイドルアー Aive30g	最高800円買取
サミーズ MSP80mm	最高700円買取
エンドウクラフト サモメタ45g	最高700円買取
フクシルアーズ 福蝉 アワビ貼	最高1,800円買取
カーペンター BC-γ60-180	最高8,000円買取

買取価格表

メーカー	商品名	買取価格
Rマジック	ディアベイト	最高1,000円買取
ルアーズケミスト	ディアン30	最高800円買取
イトウクラフト	ボウイ50S	最高1,800円買取
馬の助	馬ハミジョイント	最高1,000円買取
D-3カスタムルアーズ	ダリア45SS	最高700円買取

メーカー	商品名	買取価格
スミス	Dコンタクト85	最高800円買取
スミス	Dコンセプト48MD	最高800円買取
スミス	Dコンパクト	最高700円買取
スミス	Dダイレクト	最高700円買取
スミス	Dインサイト44	最高700円買取

メーカー	商品名	買取価格
デュオ	スピアヘッドリュウキ50S	最高500円買取
アンレーズ	スピンウォークQR	最高300円買取
スミス	ARスピナートラウトモデル	最高300円買取
デュオ	ギャンブレル5g	最高300円買取
スミス	D-Sライン6.5g	最高300円買取

※記載商品は一例です。記載以外の商品も高額査定！※箱・説明書など付属品完備の美品は上記金額で買取します。※商品のキズや汚れなど状態により金額は変動いたします。
※当店の査定基準に合ったものに限り買取させて頂きます。※買取にはご本人様確認書類（運転免許証・健康保険証・パスポート）が必要になります。ご持参の上ご来店下さいませ。

ルアーまとめて売って買取金額UP！

個数	通常買取に査定金額プラス
10個	+1,000円
20個	+2,000円
30個	+3,000円
50個	+7,000円
70個	+10,000円
100個	+15,000円

※当店の通常査定金額が100円以上のルアーに限ります。※予告無く変更・終了する場合がございます。※他の特典との併用はできません。

ルアーの宅配買取始めました！
店舗が遠い方もOK！ http://www.bigban.jp/kit

LINEでお見積りいたします！
右のコードでLINEでお友達になってね！

ヤフオク！で出品しています！
釣具・スポーツ用品はこちらから
または条件検索でYahoo! ID **oka_rmc** 検索で出品リストへ 今スグアクセス！

帯広柏林台店 帯広市西18条南2丁目11-6（白樺通沿） ☎0155-41-3196
営業時間 10:00～20:00（店頭買取 19:00まで）

伊達店 伊達市梅本町55-3（国道37号沿） ☎0142-21-3196
営業時間 10:00～20:00（店頭買取 19:00まで）

静内店 日高郡新ひだか町静内木場町1丁目（国道235号沿） ☎0146-42-3196
営業時間 10:00～20:00（店頭買取 19:00まで）

札幌手稲店 札幌市手稲区稲穂2条6丁目（国道5号沿） ☎011-686-9777
営業時間 10:00～20:00（店頭買取 19:00まで）

苫小牧桜木店 苫小牧市桜木町4丁目20（双葉三条通沿） ☎0144-71-5747
営業時間 10:00～21:00（店頭買取 20:00まで）

北見三輪店 北見市中央三輪4丁目494-24（国道39号沿） ☎0157-66-1700
営業時間 10:00～20:00（店頭買取 19:00まで）
出張買取は行なっておりません

札幌白石店 札幌市白石区本通6丁目北6-23（国道12号沿） ☎011-846-3196
営業時間 10:00～20:00（店頭買取 19:00まで）

旭川宮前店 旭川市宮前1条3丁目2-18（大雪通沿） ☎0166-38-3196
営業時間 10:00～21:30（店頭買取 19:00まで）

中標津店 中標津町東24条南3丁目5（中標津大通沿） ☎0153-79-3196
営業時間 10:00～20:00（店頭買取 19:00まで）

千歳信濃店 千歳市信濃3丁目5-1（中央大通沿） ☎0123-40-3196
営業時間 1F／10:00～20:00 2F／10:00～19:00（店頭買取 19:00まで）

旭川永山店 旭川市永山3条3丁目（国道39号沿） ☎0166-49-1155
営業時間 1F／10:00～24:00 2F／10:00～23:00
出張買取は行なっておりません

釧路星が浦店 釧路市星が浦大通2丁目5-10（国道38号沿） ☎0154-51-3196
営業時間 10:00～20:00（店頭買取 19:00まで）

函館花園店 函館市花園町11-36（産業道路沿） ☎0138-35-3196
営業時間 10:00～20:00（店頭買取 19:00まで）

ビッグバンスポーツ館 ゴルフランド 帯広柏林台店 帯広市西18条南2丁目11-6 ☎0155-58-3196
営業時間 10:00～20:00（店頭買取 19:00まで）出張買取は行なっておりません

お宝.倉庫 札幌苗穂店 札幌市東区東雁来2条1丁目1-24 ☎011-781-3196
営業時間 10:00～24:00（店頭買取 23:00まで）

日本全国384店舗の安心！オカモトグループチェーン（2016年2月 現在）

なんでもリサイクル ビッグバン

お電話のおかけ間違いにご注意ください。

PEラインとショックリーダーを結ぶ FGノット

PEラインが主流になると、ソルトシーンだけでなく、淡水のトラウトフィッシングでもよく使われているノット。上手くいかないと強度は落ちるが、器具を用いないノットのなかでは信頼度が高い。

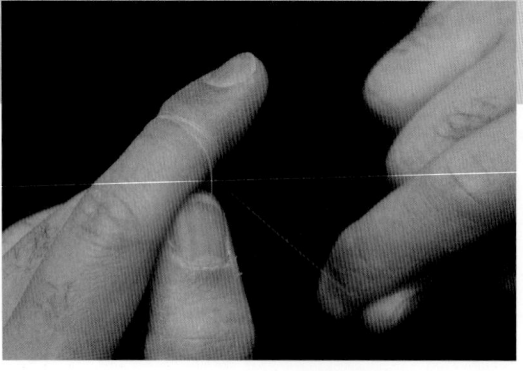

01 人差し指に5〜6回、PEラインを巻き付ける。引っ張っても解けないテンションで巻くように心掛ける

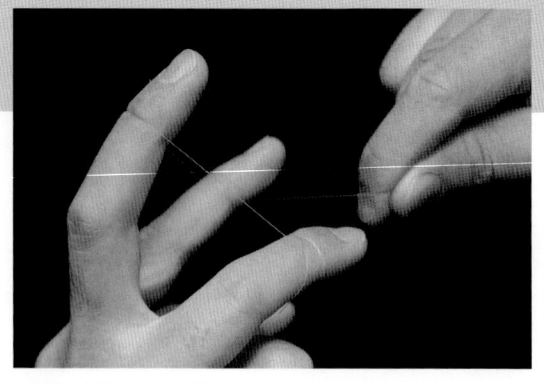

02 中指にラインを掛け……

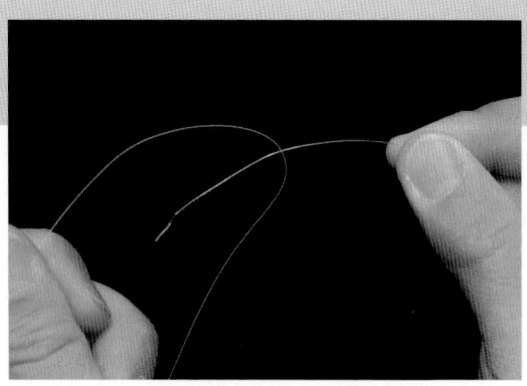

05 04のU字の中にショックリーダーを通す

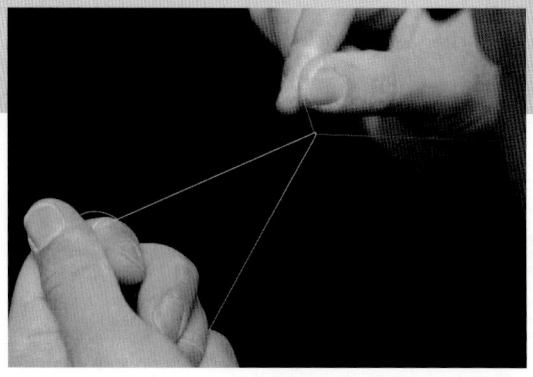

06 ショックリーダーを通したとき、PEラインを保持している左手の向きは掌側を見ている形になる。このとき、私の場合、ショックリーダーの端は歯で噛んで固定している

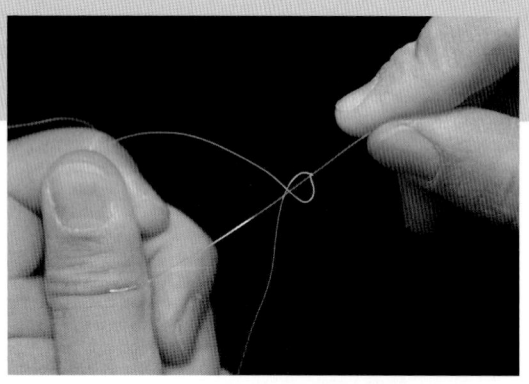

09 左手を反時計回りに半回転させ、同時にショックリーダーの端も戻す

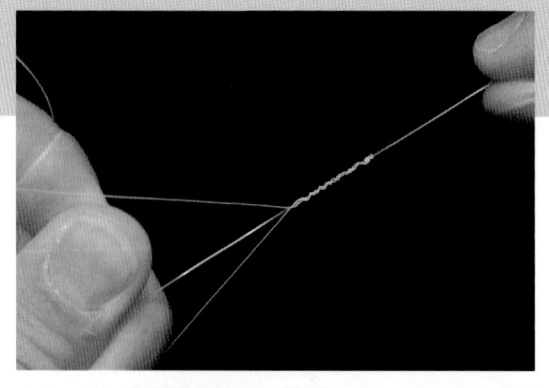

10 06〜09の動作を10回ほど繰り返し、ショックリーダーにPEラインを編み込んでいく

13 PEライン本線と、後でカットするショックリーダーの端を平行に持つ

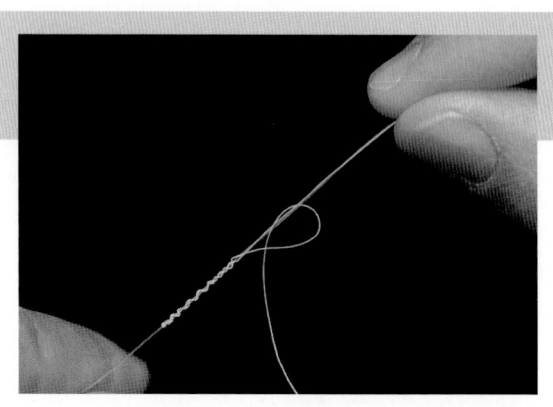

14 後でカットするPEラインで、PE本線とショックリーダーを一緒にハーフヒッチ（仮止め）する

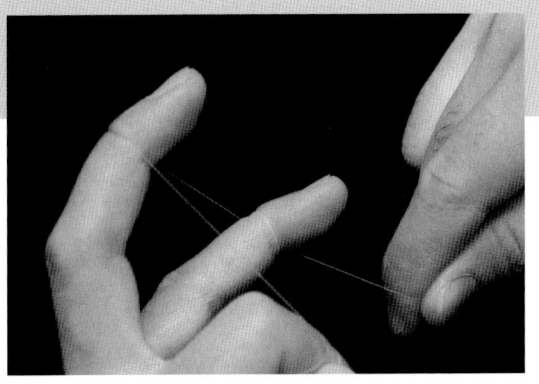

03 01と同様に、薬指に5〜6回、PEラインを巻き付ける。このとき、中指を頂点に二等辺三角形のような形ができれば、後の手順がやりやすくなる

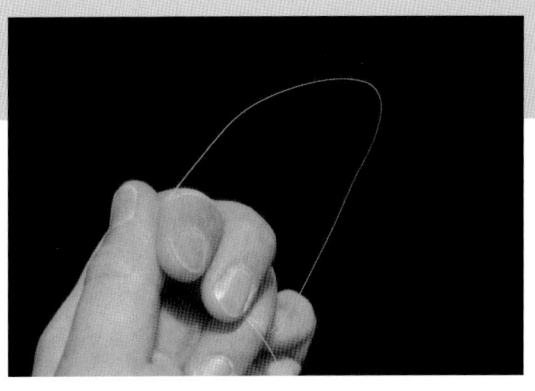

04 中指に掛けていたラインを離すと、このようなU字ができる

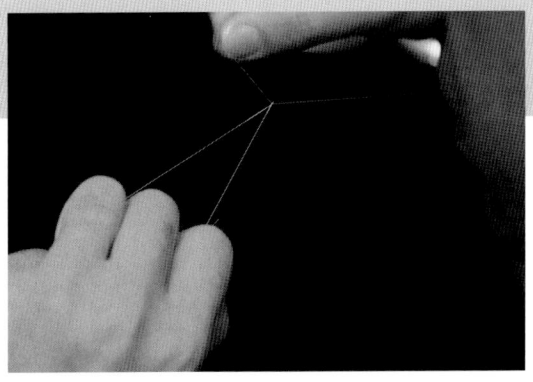

07 06の姿勢のまま左手のみ時計回りに半回転させる

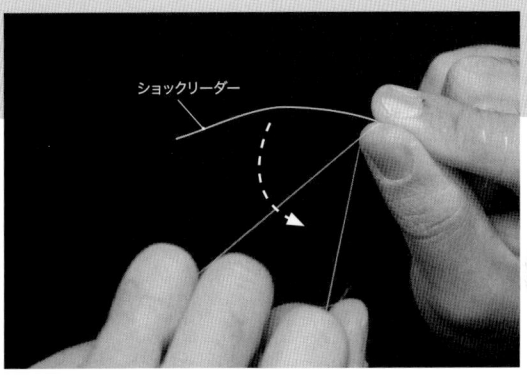

08 ショックリーダーとPEラインの交差部を右手でつかみ、口で固定していたショックリーダーの端をV字の中に入れる

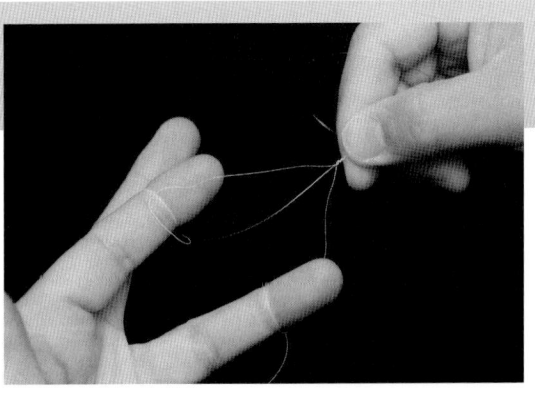

11 編み終わったら、編み込み部を右手でつかんで固定する

12 左手、人差し指、薬指に巻き付けてあったPEラインを離す

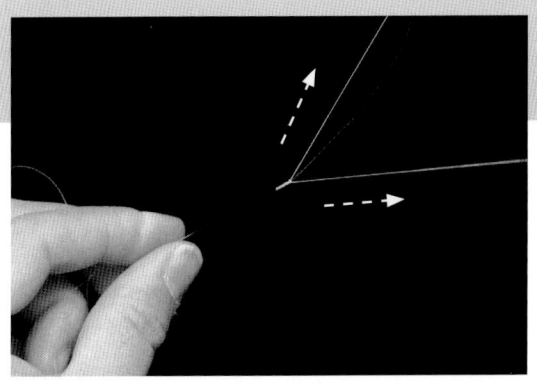

15 ショックリーダーにテンションを掛け、PEラインの端、本線ともに矢印方向にゆっくり引っ張って締め込んでいく

16 締め込んだら、再び後でカットする側のPEラインで、PE本線とショックリーダーを一緒に10回ほどハーフヒッチする

PEラインとショックリーダーを結ぶ

FGノット

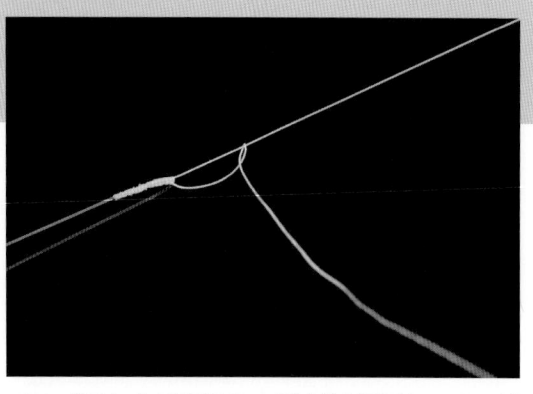

17 後でカットするPEラインで、PE本線を4回ほどハーフヒッチする

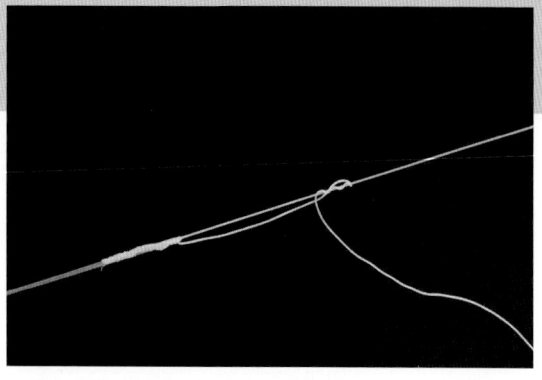

18 最後に輪の中に3〜4回くぐらせるエンドノットで締め込む

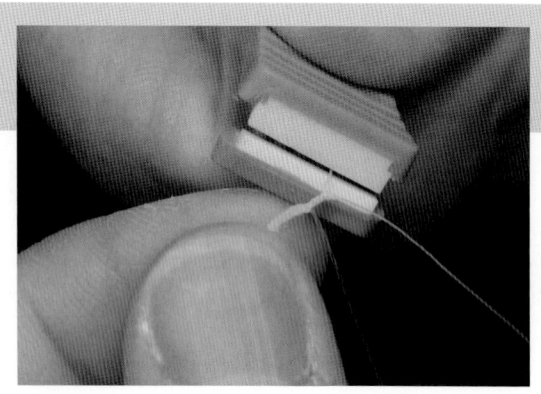

19 PEラインの端を2〜3mm残したところでカット

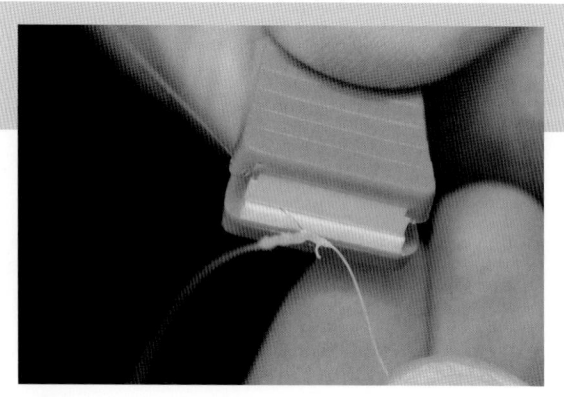

20 ショックリーダーの端も同様にカットする

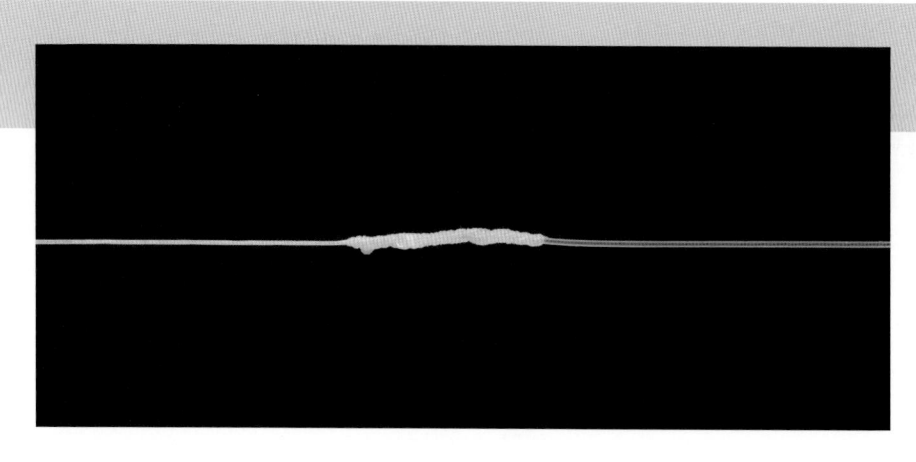

21 私の場合、PEラインとショックリーダーの端をライターで炙って完成。ショックリーダーの端を炙ると、キャスト時にガイドに絡むことがあるが、すっぽ抜けのトラブルはない。炙るかどうかは好みでいい

網走近郊の最大クラスの品揃え！
つり具の大型専門店 ブルーマリン

DAIWA、G･Loomis、Abu Garcia、LOOP、EUFLEX、FoxFire、SHIMANO、Watertand、SAURUS、PALMS、AIMS、SOULS

http://www.blue-marlin.co.jp/

ブルーマリンの気ままなブログ
新製品速報や釣果報告などを日々紹介しています。ぜひ遊びに来てください。

ブルーマリンダービー 毎年開催
海アメ・海サクラ部門/ニジマス部門
詳細はスタッフまで

河川・湖沼のトラウト用品 充実の品ぞろえ
通販にも対応しています

営業時間のご案内
夏 5月〜10月 AM8:00〜PM8:00 無休
冬 11月〜4月 AM8:30〜PM7:00 無休

P 大型駐車場完備

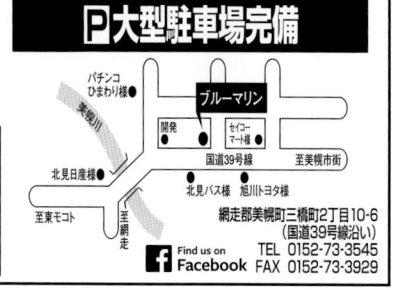

網走郡美幌町三橋町2丁目10-6（国道39号線沿い）
TEL 0152-73-3545
FAX 0152-73-3929
Find us on Facebook

ラインとラインを結ぶ

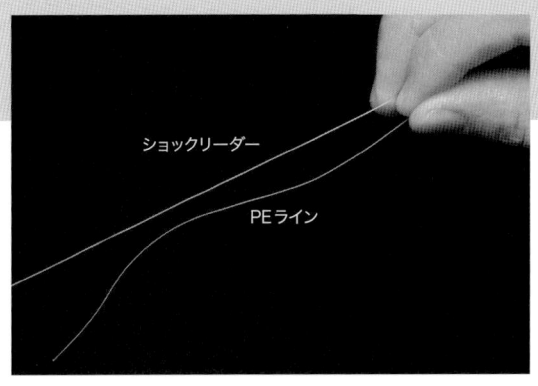

電車結び

「釣り場でFGノットは大変で……」という方は、電車結びでも問題ない。ただ、太さの違うPE＋ショックリーダーのシステムだと、ラインをくぐらせるのが同回数だと強度は落ちることを知っておきたい。

01 PEラインとショックリーダーを20〜25cmくらい重ねる。最初のうちは長めのほうが結びやすい

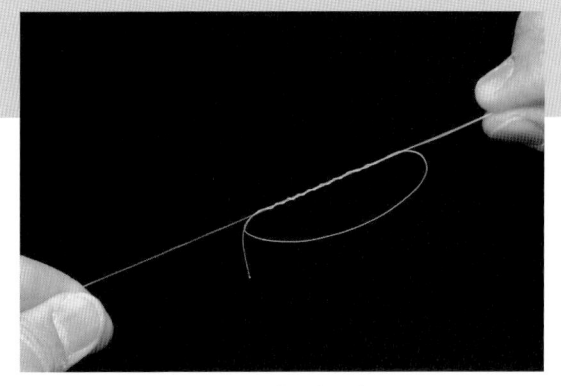

02 PEラインをショックリーダーに8〜10回くぐらせる

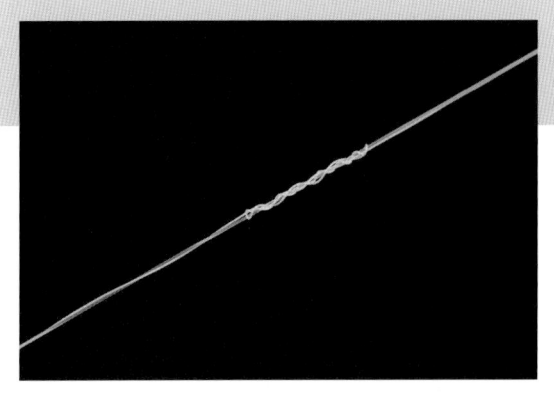

03 このときに固く締めすぎると、後で摩擦による擦れで結束部が弱くなる。最後まで締めないほうが失敗は少ない

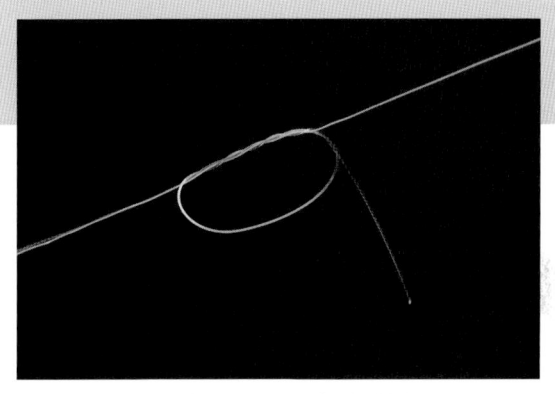

04 ショックリーダーをPEラインに4〜5回くぐらせる

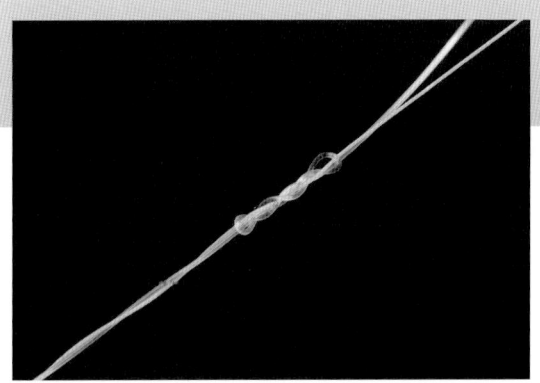

05 03と同様に、ショックリーダーも固く締めすぎない

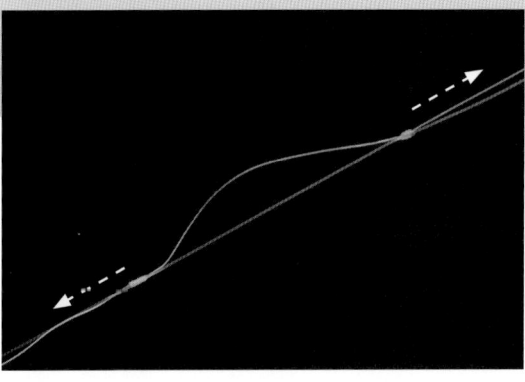

06 ショックリーダーとPE本線を持ち、矢印方向にゆっくり引っ張る。結びコブどうしが連結したら、片方ずつゆっくり締め込めば、高い強度が得られるはず

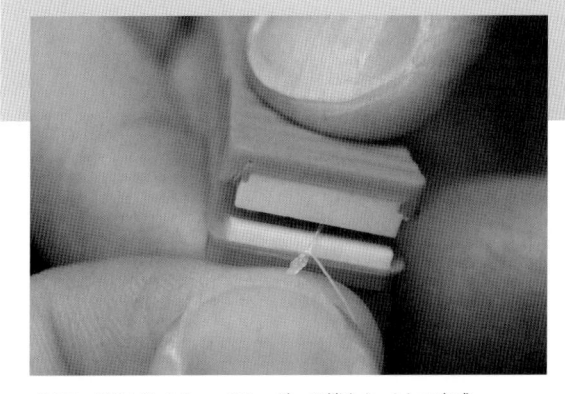

07 PEラインとショックリーダーの端をカットして完成

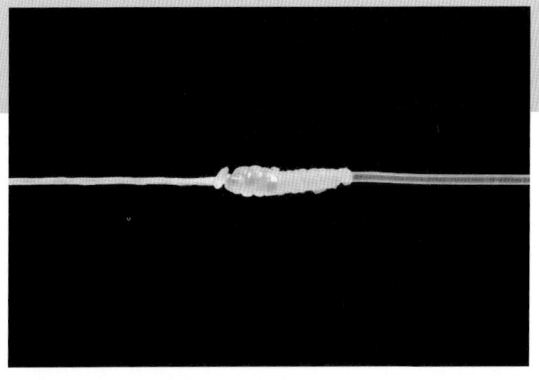

08 もし、同じ太さどうしのラインであれば、くぐらせるのはそれぞれ4〜5回の同回数でも強度を得られる。なお、スプールに下巻きしたラインとメインラインを接続する際にも使えるノットだ

ラインとルアーを結ぶ

パロマーノット

メインラインもしくはショックリーダーとルアーの結びは、クリンチノットやユニノットが知られるが、強度はパロマーノットに分がある。最後にハーフヒッチを4回ほど行なえば(写真06)、より高い強度を得られる。

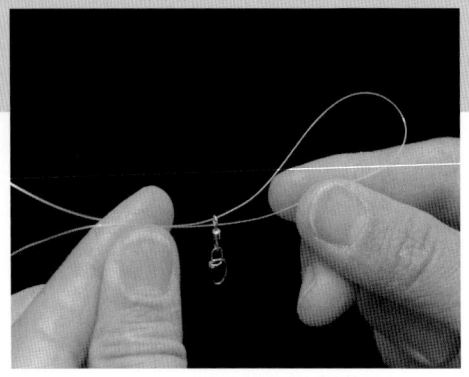

01 ラインを二つ折りにしてスイベルの穴に通す。長さは10cm以上にしたほうが、結ぶときにラクだ

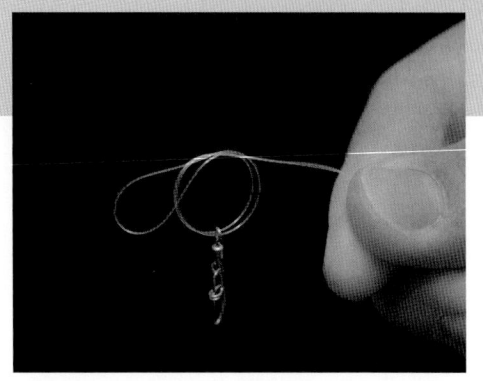

02 通したラインで片結びをする。このとき、あまり固く締め込まないこと

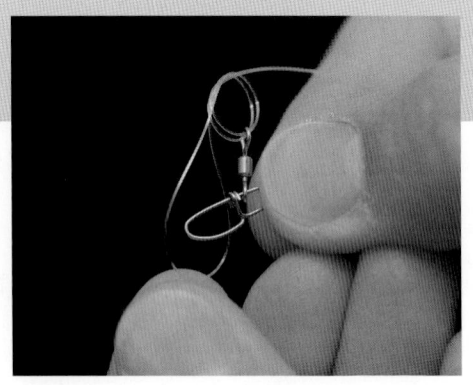

03 先端にできた輪の中にスナップごとくぐらせる

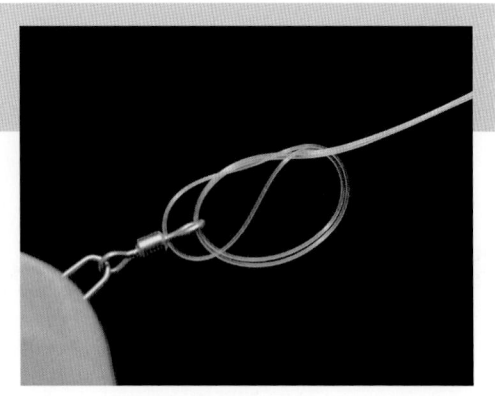

04 くぐらせたスナップをつかみ取り、スナップスイベルにルアーを装着する

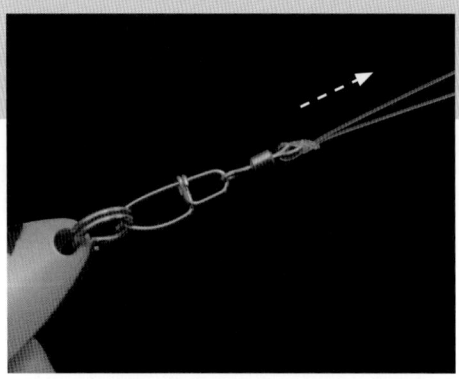

05 ライン本線と後で切るラインを同時にゆっくり引っ張って締め込む。このとき、ルアーを持って結ぶと締め込みがラクになる

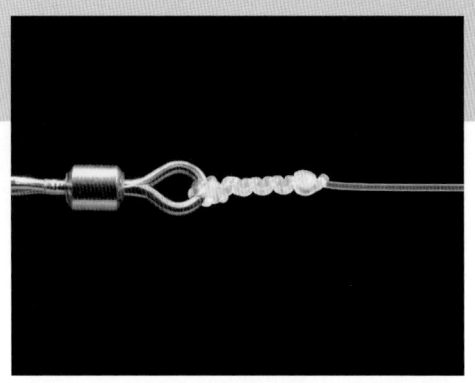

06 パロマーノットは太くても細くても、そしてラインの素材にも関係なく高い強度が得られているので、今のところ最も信頼しているノットだ

C'ultiva ネイティブトラウト対応‼ バーブ仕様登場

S-55M シングルフック55 No.11770 メーカー希望本体価格 ¥300 パワークラス 5
ガンブラック【GUNBLACK】

① ティアドロップアイ、ワイドゲイブのプラッキング専用フォルム
② 2つのナチュラルコーナーのゲイブデザインにバーブ付となりホールド力アップ！
③ シンキングプラグの動きを生かすシングルフック。

10 D7 148675
8 E0 148682
6 E8 148699
4 F6 148705

株式会社オーナーばり
〒677-0018 兵庫県西脇市富田町120
TEL.0795-22-1433(代) FAX.0795-22-6003
www.owner.co.jp

オーナーばり 検索

夢釣行 BS日テレで「夢釣行」放映中‼ 毎週月曜日 23:30〜24:00

SIMMS
Crazy Fisher
クレイジーフィッシャー
〒080-0111
河東郡音更町木野大通東7丁目1番地
TEL/FAX 0155-30-4636
●AM10:00～PM9:00●月曜定休

LURE & FLY SHOP
LUNKER'S
●イオン
鶴見橋→
雄鉄線通り
仁々志別川
昭和橋
はなしのぶ橋
鳥取北橋
昭和南公園
←鶴居
R38
←大楽毛
●鳥取神社
釧路駅→
ルアー用品
大量在庫中！
インジェクションやハンドメイドモデル、
渓流・本流・湖用アイテムなど、あらゆる
ジャンルを取り揃えています。
2016NEWモデルも続々入荷中！
通信販売承ります
（詳しくはTELまたは店頭にて）
ランカーズクシロ
姉妹店ランカーズ土浦店もよろしく！
パタゴニアウエア・ノースフェイス・マムート・コロンビア正規代理店
釧路市昭和南4丁目24番14号
営業時間／am9:30～pm10:00
TEL.0154-55-2288

PRO SHOP
KAWAGUCHI
プロショップかわぐち
小樽
余市
札幌
積丹半島のトラウト情報はウェブで
http://proshopkawaguchi.com/
E-Mail mail2@proshopkawaguchi.com
〒046-0021
北海道余市郡余市町浜中町215-1
TEL・FAX 0135-23-2003
夏期（3月～10月）AM4:00～PM7:00 無休
冬期（11月～2月）AM9:00～PM7:00 水曜定休

d3
Custom Lure's
http://www.d-3custom.com

TEL 0424 (94) 6316
www.ssylabel.com

北海道シリーズ
AIRE
ADVANCED FISHING EQUIPMENT
TEL：0263-58-0230
http://www.m-aire.com

Kingfisher

トラウトシーズン
爆釣応援！
タックル・トラウト用ルアー
など…各種取り揃えております。
釣り人のための釣り具大型専門店
TSURIBITO
つり具の釣人
【道内5店舗】
札幌厚別店／TEL:011-896-3900
苫小牧店／TEL:0144-36-0097
釧路店／TEL:0154-51-9573
帯広店／TEL:0155-34-6100
旭川店／TEL:0166-46-4833
お得な商品満載!! つり具の釣人の
ネットショップもぜひご覧ください!
つり具の釣人 検索
http://tsuribito946.jp

本来のアクションに近づける
小〜中型ミノーのシングル化

左がレッドワイヤ、右がガン玉でウエイト調整したルアー。どちらも、簡単かつ安くチューニングできる。シングルに替えたミノーは、じつにスマート。スマホ全盛の時代、フックシステムもスマートにいきたい

ミノーをシングルフックに替えようと思っても
バランスが気になる方は多いに違いない。
特に、自重の軽い小〜中型ミノーをシングル化すると、
本来のアクションが出にくい。なぜか？
それは、トレブルとシングルの重量差から起きる。
そこで、ミノーに装着されているトレブルの重さを計り、
シングルに何グラムのウエイトを足せばいいか、
そして奇麗ですっぽ抜けないフックの巻き方も紹介したい。

小型サイズでも太軸のフックなら、大ものが掛かっても安心だ。5号のアイゴバリで釣った64㎝

北海道はシングル派が多い

ルアーの釣り雑誌を見ているとトレブルフックが一般的だが、魚にダメージが少ないであろうシングルフックに替えて釣りを楽しんでいる方も少なからずいる。特に北海道は、どの地方よりもシングルフックに交換している方が多いと思う。ノースアングラーズ誌の影響もあるだろうが、北海道は漁業権のない河川や湖沼がほとんどで、魚を枯渇させないために自然と広がったようだ。

私がシングルフックを使い始めた理由はいろいろあるが、①外しやすい、②ケースから取り出しやすい、③ルアーをより多く持って行ける、④ミスキャスト時の回収率の高さ、⑤手返しがよくなり釣りに集中できるなど。ん、魚のためというより自分のため⁉

シングルフックに替えたくても、躊躇している方は意外に多い。その意見に「フックの種類やサイズは何がいい？」、「フックポイントが少なくなる分フッキングが悪いのでは？」、「自分で巻いてみたいがイマイチよく分からない」、「巻いてみたけど強度的に不安……」、「バランスが崩れるルアーがあるので面倒」などが聞かれる。そんな疑問を解決すべく、私の方法を紹介したい。

使い手が工夫するしかない

シングルフックに替えると、トレブルフック装着時よりも重量が軽くなるミノーがほとんど。その結果、泳ぎが派手になり、アピール度が高くなる。それはそれでアリという場合もあるが、流れのなかで安定せず、複雑な流れだと使いにくくなるミノーも少なからずある。現時点では使い手が工夫しないとどうしようもない。

シングル派のなかには「最初からシングルフックを付けて売ってほしい」という方もいる。しかし、全国的にトレブルフックが主流のため、メーカーがシングルフックで販売するのはリスクが高いのだろう。また、地方によって釣れる魚のサイズはまちまちで、適したシングルフックの形状や太さが違ってくるのも難しい点だ。買う側としても中途半端なシングルフックなら付けてほしくない。どんなフックでも泳いでくれるミノーがあれば最高なのだが……。とはいえ、自分好みのフックを付け、トレブルフック装着時と同じように泳いでくれると、釣れる感じがするだけでなく達成感もある。

トレブルフックからシングルに替える際、どうしても気になるのはフッキングの悪さ、またはバラしやすさだろう。多くのミノーはトレブル

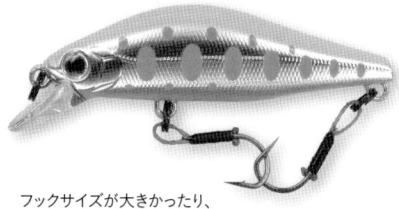

フックサイズが大きかったり、自作ループがデカすぎると、フックどうしが抱いてしまう

フック2本装着で計6本のハリ先を持つ。普通に考えるとハリがいっぱいあったほうがフッキング率は高くなるはず。それが2本になるのだからフッキング率が悪く感じるのは無理もない。

しかし、フライフィッシングやエサ釣りはたいてい1本バリ。それで掛かりが悪ければ、どの釣りもトレブルフックを使うはず。シングルフックに替えてすぐの頃は、フッキングミスやバラシが起きると「1本バリだからだ」と理由づけしたくなるが、長く使っているとそれほど大差がないことに気づくだろう。

自分で巻いてみる

ミノー向けのシングルフックは各メーカーから発売されているが、80〜90mmサイズなら強度的に問題ない太軸があっても、70mm以下になると少々心配な細さのものが少なくない。「なぜ、こんなに細い?」、「小さくて軸の太いシングルフックは出さないのか?」と道民アングラーは思うはず。しかし、北海道が規格外なのだ。メーカーが作らないものは自分で作るしかない。

●最低限必要なもの

シングルフックを巻くにあたり、最低限必要なのは、①バイス、②ボビンホルダー、③ハサミ、④スレッド、⑤アイ素材、⑥フック、⑦瞬間接着剤。そのほか、スレッドを巻いた部分の補強として、エポキシ樹脂や熱収縮チューブもあると重宝する。

「全部そろえると高いのでは……」と思うかもしれないが、ある程度のものをそろえても消費税込みで1万円以下で足りる。「やっぱり、けっこうな値段……」という方は、こう考えてみては? トレブルフックなら120本、シングルフックなら240本程度しか買えない、と。道具類を一度そろえてしまえば、その後に購入するのは消耗品のスレッド、アイ素材、瞬間接着剤くらい。フックの種類や個数にもよるが、1本当たり約20円以下で巻くことができる。

フックを固定するバイスについては、2000円前後のもので充分使える。スレッドを支えるボビンホルダーの価格は300〜2000円と幅があるが、スレッドが切れるトラブルの少ないセラミック製がおすすめ。アイ素材はケプラーなどの特殊組イトのほか、フライラインの下巻きに使われるバッキングラインなどが一般的。強度を重視したければ前者を、安く仕上げたければ後者を選ぶといい。

どちらにしてもファイト中に切られることはほとんどない。ただ、あまりに細いとファイト中にスプリットリングの間に入り込み、すり抜けてフックだけ持っていかれる場合がある。ケプラーなら6号以上、バッキングラインなら30ポンド以上が安心だ。

●フック選びの注意点

フックの種類については後述するが、フロントとリヤフックが絡まないサイズが前提になる。注意したいのは同じサイズのミノーでも、メーカーによってフロントとリヤアイの距離が全く違うこと。つまり、同じフックサイズであれば、どんなミノーにも対応するというわけではない。

ところで、フックを重くしたい場合や、大型魚に対応すべく超太軸を使いたい方もいるだろう。だが、あまり太軸にしすぎると、フックの強度以前に魚の口に刺さらない事態が起きる。ある程度パワーのあるロッドを使っていれば、鋭いフッキングで貫通させることはできる。が、向こうアワセ的なフッキングだと、太くなればなるほどハリ掛かりは悪くなることを覚えておきたい。

●貫通力抜群のハリ

最近、特殊なコーティングを施したフックが販売されているが、その貫通力は驚きの一語。メーカーによって、サクサス、ナノスムースコート、フッ素フィニッシュなど呼び名は異なるが、いずれも同等の貫通力を備えている。刺さりのよさを重視している方は見逃せない。

ウエイトをプラスする

本来のアクションに近づけるには、ウエイトをプラスするしかない。その際、板オモリ、レッドワイヤ(糸オモリ)、ガン玉などを付けるが、板オモリを貼るとカラーの一部分だけ鉛色になり、イマイチ不格好で嫌という方が少なくない。私の場合、板オモリは微調整というよりも、単純にウエイトを大幅にアップしたいときに貼る。次から、レッドワイヤとガン玉チューンの方法を紹介しよう。

●レッドワイヤを巻く

フライタイイングに使われるレッドワイヤを、フックのシャンク部にぐるぐると密に巻き付ける。ただ、小さいフックに太めのレッドワイヤを使用すると、シャンクに巻き付ける距離が長くなり、フッキングに支障をきたす可能性もある。太さは.010〜.025がおすすめ。それでも気になるなら巻き付けた後、レッドワイヤをプライヤーなどで挟んで潰すと若干平たくなり、ゲイプ幅を確保できる。

口の壊れたアメマスが死んでいた。近年、アメマスの人気河川でこうした悲しい光景を見る

●ガン玉をぶら下げる

ループ状にした8〜12ポンド（ラインが細すぎるとスプリットリングの間に入って外れやすく、太すぎると極小サイズのガン玉は挟めない）のナイロンかフロロカーボンラインを挟み、シングルフックと一緒にスプリットリングにぶら下げて装着する。このシステムだと脱着が容易で、何種類か持ち歩けばフィールドでも状況に応じて調整ができるのがいい。また、ぶら下げて装着することで水流を受けやすく、トレブルフックに近い抵抗になり、より本来の泳ぎに近くなる気がする。

ただ、気をつけていただきたいのはベリーアイとリヤアイ、その両方にガン玉をぶら下げる場合。ベリーフックの左側にガン玉を装着したら、リヤフックは右側に来るように装着したい（逆でもOK）。両方とも同じ方向にガン玉をぶら下げると、稀にミノーの軸が傾き、複雑な流れの中で真っすぐに泳がないことがある。なお、ガン玉はグラム数にけっこうなバラつきがある。シビアに重さを合わせたい方は、レッドワイヤでの調整が好ましいことを付け加えておきたい。

自作なら自由自在

P128〜129では、小〜中型ミノーに適した市販シングルと自作用のフックをピックアップし、主要なミノーに装着されているトレブルフックとほぼ同自重になるウエイト量（レッドワイヤとガン玉の2種を紹介）を記している。ちなみに、各フックともスレッドを巻いていない素バリの状態で数回計量し、その平均値を掲載している。0.01ｇ単位で計れる秤で作成しているが、多少の誤差はご了承いただきたい。

自作用シングルについては、私の使用頻度が高いハリを選んだ。グレ、アイゴ、伊勢尼は、どのメーカーも太軸が多いので重さを稼ぎやすく、かつシャンク部が短いのでベリーフックとリヤフックの距離が近くなる小型ミノーと相性がいい。道内で人気のチヌバリは太軸だと若干シャンクが長くなり、60mm以上の中型ミノーに向く。

自分でフックを巻けるようになると、フックの重さ、形状、スレッドの色、ループの大きさなどは自由自在。オリジナリティーあふれるフックに仕上げられるのもうれしい。

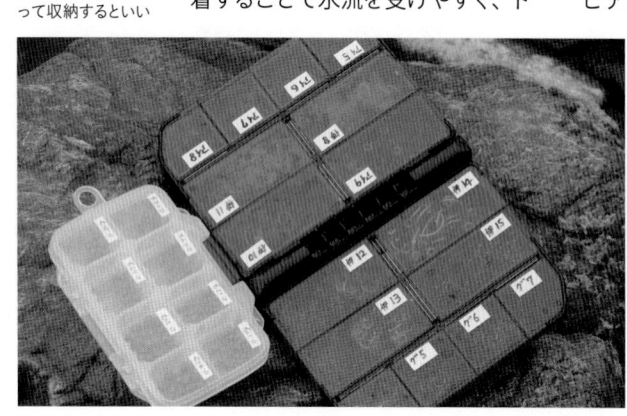

フックやガン玉は、サイズなどが分かるようにケースにラベルを貼って収納するといい

ハンディングブランド　サンレアル

SANG REAL
SANG REAL — Study to be quiet.

より深く。より攻撃的に。アクションにすぐれたトラウト用シンキングミノー

ARI【50・60・70】

50

S(スリム)
￥2,000円(税抜)
Length：50mm
Weight：S-S(4g)、S-H(5g)、S-UH(6g)
Color：10色

F(ファット)
￥2,000(税抜)
Length：50mm
Weight：F-S(4g)、F-H(6g)、F-UH(8g)、F-EXH(10g予定)
Color：10色

60 / 70

￥2,300(税抜)
Length/Weight
60mm 16g、70mm 18g
Color：7色

(株)サンレアル
岐阜県高山市片野町1-333
TEL.0577-62-9836
FAX.0577-62-9837
http://sangreal-hida.com

●必要な道具類

バイスは台座式（ペデスタルタイプ。右）と、挟み込み式（クランプタイプ。左）がある。後者のほうが若干安い

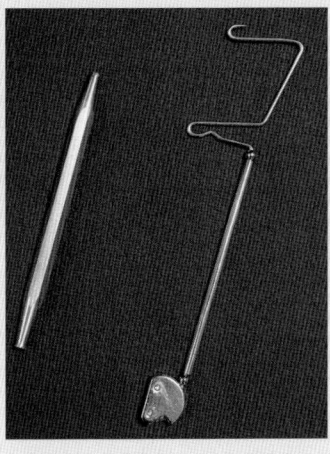

フィニッシュで使用するアイテム。左がハーフヒッチャー、右がウイップフィニッシャー。どちらもフライタイイング用の道具

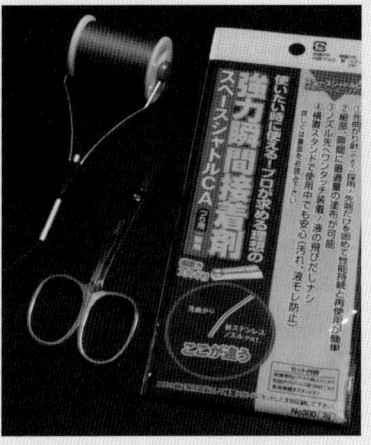

左からボビンホルダー、ハサミ、瞬間接着剤。ボビンホルダーはセラミック製。ハサミは切れ味のいいものがストレスなく作業できる。瞬間接着剤は白くなりにくいタイプだと、でき上がりが奇麗

瞬間接着剤用硬化促進スプレー。白く固まるのを防いでくれ、スプレーすると同時にカチカチに固まって作業効率がアップする

スレッドの太さはいろいろ。数字が大きくなると細くなる。小型フックには#8/0〜6/0、中型フックには#6/0〜3/0を選びたい

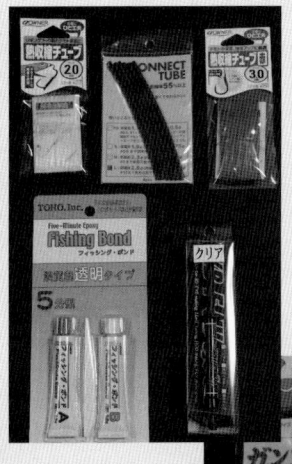

スレッド部のコーティング素材。上3つは、熱収縮チューブ。色は好みで使い分けたい。より強度を求めるなら、下2つを選びたい。左がエポキシ、右がUV硬化剤。エポキシは約5分で硬化し、UV硬化剤はUVライトで照らすとすぐに固まる

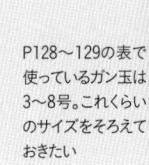

アイ素材。左がバッキングライン、右が組イト。量はバッキングライン、強度は組イトに分がある。どちらも1000円前後だが、バッキングラインは100m、組イトは5〜10m売り

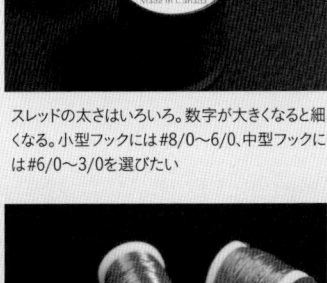

フックの軸に巻くレッドワイヤは.010〜.035まである。P128〜129の表で使っているのは.010〜.025までの4サイズ

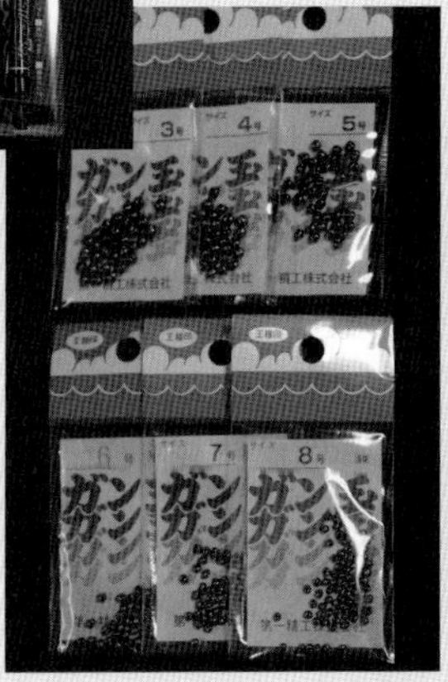

P128〜129の表で使っているガン玉は3〜8号。これくらいのサイズをそろえておきたい

●フックの巻き方

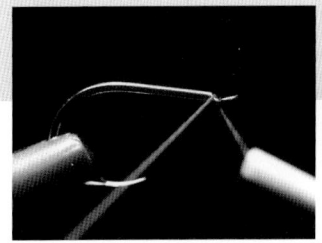

01 フックをバイスに固定し、後にカットするスレッドを巻き込むようにして巻いていく

02 ある程度巻いたら、余りのスレッドをカットする

03 このように密に巻けば、すっぽ抜けなどのトラブルが少なくなるはず

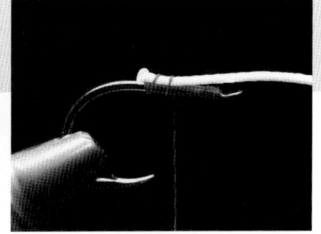

04 アイ素材をスレッドの上に乗せて仮止めする。このときにアイの大きさを決めておく

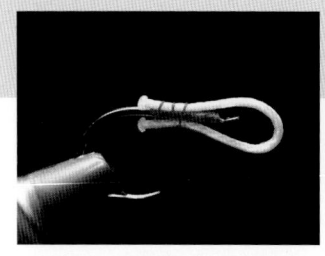

●フックの巻き方

05 アイの大きさが決まったら、フックの軸を挟むように固定する。この方法だと、すっぽ抜けを防止できるだけでなく、でき上がりがとても奇麗に見える

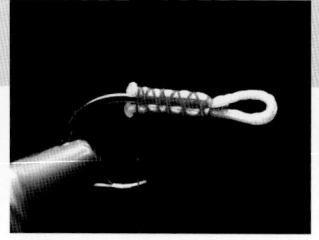

06 アイ素材をスレッドでクロスに巻いてから固定すると、すっぽ抜け防止になる

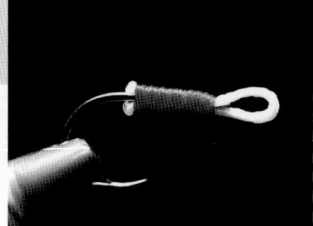

07 アイ素材が見えなくなるまで、均一にきつめに巻いていく

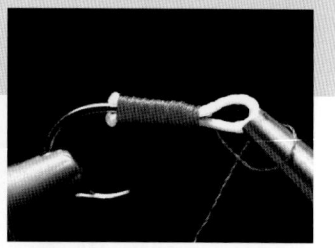

08 巻き終わったら、ハーフヒッチャーまたはウイップフィニッシャーで留める（写真はハーフヒッチャー）

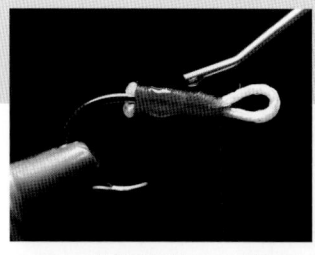

09 瞬間接着剤をスレッド部に塗布する。ハーフヒッチャーやウイップフィニッシャーで留めるのが苦手なら、スレッドの結び留めを飛ばし、瞬間接着剤で固定してもかまわない。ただ、その場合は、スレッド部をエポキシや熱収縮チューブでしっかりとコーティングしたい

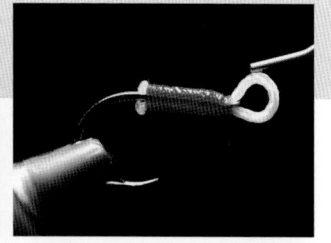

10 アイの形を丸く整え、瞬間接着剤を少しだけ流し込む。こうすると、スプリットリングに装着しやすい

11 スレッドをカットする

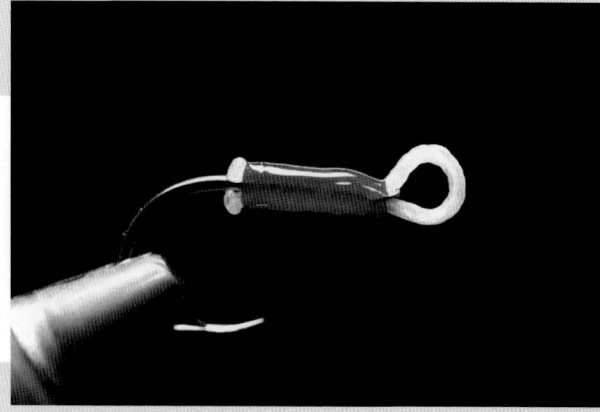

12 スレッド部をエポキシ、熱収縮チューブなどでコーティングすると万全（写真はエポキシ）

●アイ素材を炙る

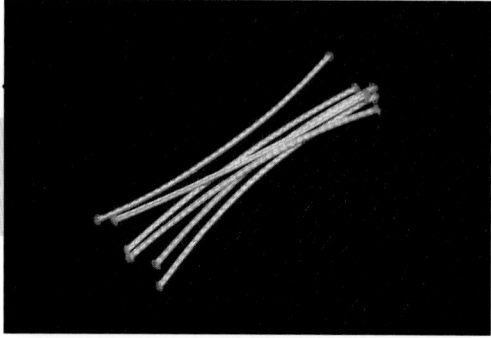

〈よい例〉
火の根もと（青い炎の部分）で焼くと……
丸く奇麗なタマが作れる

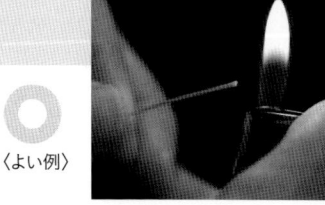

アイ素材の両端を火で焼いてタマを作ると、すっぽ抜けは皆無になる。ただ、悪い例のように、素材によっては溶けずに焦げるだけのものもある

〈悪い例〉 
アイ素材を火の先端で炙ると…… 
火が燃え移り…… 
アイ素材が焦げたり、燃えて短くなってしまうので×

126

● ガン玉仕様

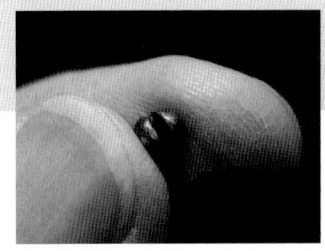

01 ラインを挟みやすいように、あらかじめガン玉の割れ目を開いておく

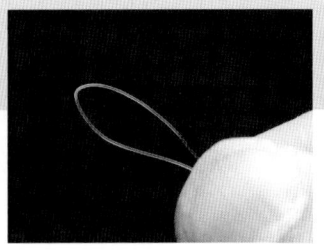

02 8～12ポンドのナイロンまたはフロロカーボンラインをループ状にして……

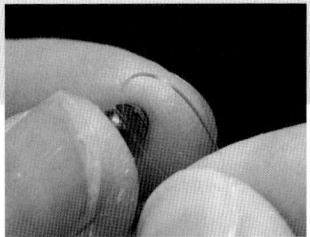

03 ガン玉の割れ目にそのままの形で挟む

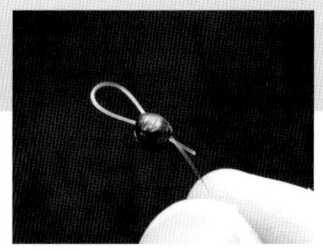

04 ループの大きさを調整しながら仮挟み

05 ループの大きさが決まったら、プライヤーなどでしっかりと挟む

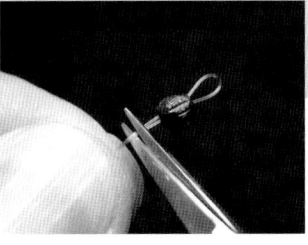

06 余ったラインを2mmほど残してカットする

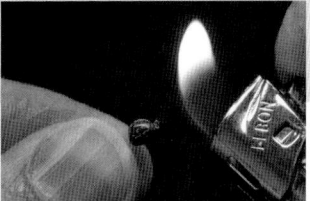

07 カットした側のラインをライターの火などで炙り、すっぽ抜けないようにする

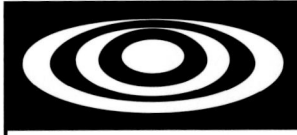

08 完成。いろんなサイズを作って持ち歩くと、釣り場でウエイト調整が容易になる

VANFOOK
ADVANCED FISHING HOOKS&LURE

北海道のビッグトラウトにも負けない ネイティブ専用フック

SP-41MB (Micro Barb)
エキスパートフック/スプーン用
マイクロバーブ・ミディアムヘビーワイヤー

渓流、本流、湖沼のスプーニングに最適なシングルフック。独自のマイクロバーブと、強力なフトコロパワーで大マスを仕留める！

- ●サイズ：#10 #8 #6 #4 #2 #1 #1/0
- ●入数：8本
- ●カラー：ステルスブラック
- ●本体価格：350円

ME-41MB (Micro Barb)
エキスパートフック/ミノー用
マイクロバーブ・ミディアムヘビーワイヤー

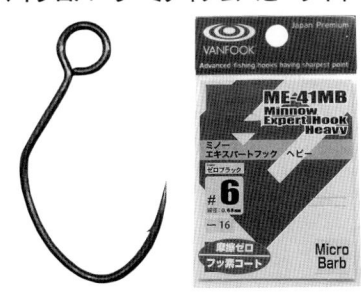

貫通力抜群のフッ素コートを施したプラグ用シングルフック。小さなアタリも逃がさない鋭いフックポイントと相まってフッキング性能はピカイチ！

- ●サイズ：#6 #4 #3 #2
- ●入数：16本
- ●カラー：ゼロブラック（PTFEフッ素コーティング）
- ●本体価格：580円

PL-59 Plugging single (heavy)
プラッギングシングル/ミノー用
スタンダードバーブ・ヘビーワイヤー

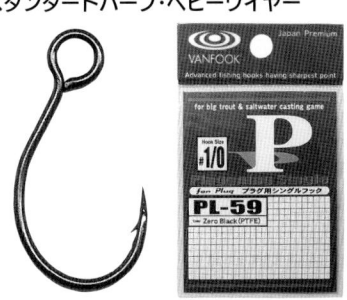

世界最高水準のフトコロ強度と針先の硬さを備えた最強シングル。海アメ、海サクラにもおすすめ。摩擦ゼロのフッ素コート加工済み

- ●サイズ：#4 #2 #1 #1/0 #2/0 #3/0 #4/0
- ●入数：16本(#4・#2) 14本(#1) 12本(#1/0) 10本(#2/0) 8本(#3/0・#4/0)
- ●カラー：ゼロブラック（PTFEフッ素コーティング）
- ●本体価格：580円

ヴァンフック(株) 〒677-0021兵庫県西脇市蒲江215　TEL(0795)22-3710　FAX(0795)22-3786
http://www.vanfook.co.jp/　info@vanfook.co.jp

シングルフック適合表　小型ミノー（50mm前後）　　LW=レッドワイヤ

S シングル \ T トレブル	オーナーばり ST-36BC #10(0.25g)	オーナーばり ST-36BC #12(0.17g)	オーナーばり ST-36BC #14(0.16g)	オーナーばり ST-26TN #12(0.15g)	オーナーばり ST-26TN #14(0.12g)	オーナーばり ST-11 #12(0.10g)	D-コンタクトフック #12 (0.11g)
オーナーばり S-55M #8 (0.07g)	ガン玉5号 .025 LW 5.0cm	ガン玉7号 .025 LW 3.1cm	ガン玉7号 .020 LW 4.1cm	ガン玉7号 .020 LW 3.7cm	ガン玉8号 .015 LW 4.0cm	ガン玉8号 .015 LW 2.8cm	ガン玉8号 .015 LW 3.1cm
オーナーばり S-55M #10 (0.06g)	ガン玉4号 .025 LW 5.1cm	ガン玉6号 .025 LW 3.2cm	ガン玉7号 .025 LW 3.1cm	ガン玉7号 .020 LW 4.1cm	ガン玉8号 .020 LW 3.3cm	ガン玉8号 .015 LW 3.1cm	ガン玉8号 .015 LW 4.0cm
ヴァンフック ME-41MB #6 (0.08g)	ガン玉5号 .025 LW 4.9cm	ガン玉7号 .020 LW 4.1cm	ガン玉7号 .020 LW 3.7cm	ガン玉8号 .020 LW 3.5cm	ガン玉8号 .015 LW 3.1cm	ガン玉8号 .015 LW 2.0cm	ガン玉8号 .015 LW 2.8cm
がまかつ シングル53 #8 (0.07g)	ガン玉5号 .025 LW 5.0cm	ガン玉7号 .025 LW 3.1cm	ガン玉7号 .020 LW 4.1cm	ガン玉7号 .020 LW 3.7cm	ガン玉8号 .015 LW 4.0cm	ガン玉8号 .015 LW 2.8cm	ガン玉8号 .015 LW 3.1cm
がまかつ シングル53 #10 (0.06g)	ガン玉4号 .025 LW 5.1cm	ガン玉6号 .025 LW 3.2cm	ガン玉7号 .025 LW 3.1cm	ガン玉7号 .020 LW 4.1cm	ガン玉8号 .020 LW 3.3cm	ガン玉8号 .015 LW 3.1cm	ガン玉8号 .015 LW 4.0cm
がまかつ シングル53 #12 (0.05g)	ガン玉4号 .025 LW 5.2cm	ガン玉6号 .025 LW 3.5cm	ガン玉6号 .025 LW 3.2cm	ガン玉7号 .025 LW 3.1cm	ガン玉8号 .020 LW 3.5cm	ガン玉8号 .015 LW 4.0cm	ガン玉8号 .020 LW 3.3cm
オーナーばり OHアイゴ 5号 (0.08g)	ガン玉5号 .025 LW 4.9cm	ガン玉7号 .020 LW 4.1cm	ガン玉7号 .020 LW 3.7cm	ガン玉8号 .020 LW 3.5cm	ガン玉8号 .015 LW 3.1cm	ガン玉8号 .015 LW 2.0cm	ガン玉8号 .015 LW 2.8cm
オーナーばり OHアイゴ 6号 (0.11g)	ガン玉6号 .025 LW 4.5cm	ガン玉8号 .020 LW 3.3cm	ガン玉8号 .015 LW 4.0cm	ガン玉8号 .015 LW 3.1cm	.010 LW 2.0cm	—	—
がまかつ グレ・メジナ 5号 (0.07g)	ガン玉5号 .025 LW 5.0cm	ガン玉7号 .025 LW 3.1cm	ガン玉7号 .020 LW 4.1cm	ガン玉7号 .020 LW 3.7cm	ガン玉8号 .015 LW 4.0cm	ガン玉8号 .015 LW 2.8cm	ガン玉8号 .015 LW 3.1cm
がまかつ グレ・メジナ 6号 (0.09g)	ガン玉5号 .025 LW 4.8cm	ガン玉7号 .020 LW 3.7cm	ガン玉7号 .020 LW 3.5cm	ガン玉8号 .020 LW 3.3cm	.015 LW 2.8cm	.010 LW 2.0cm	.015 LW 2.0cm
各メーカー 伊勢尼 5号 (0.08g)	ガン玉5号 .025 LW 4.9cm	ガン玉7号 .020 LW 4.1cm	ガン玉7号 .020 LW 3.7cm	ガン玉8号 .020 LW 3.5cm	ガン玉8号 .015 LW 3.1cm	ガン玉8号 .015 LW 2.0cm	ガン玉8号 .015 LW 2.8cm
各メーカー 伊勢尼 6号 (0.10g)	ガン玉6号 .025 LW 4.7cm	ガン玉7号 .020 LW 3.5cm	ガン玉8号 .020 LW 3.3cm	ガン玉8号 .015 LW 4.0cm	.015 LW 2.0cm	—	.010 LW 2.0cm

中型ミノー（60〜70mm）

LW=レッドワイヤ

シングル ＼ トレブル	オーナーばり ST-36BC #10(0.25g)	オーナーばり ST-36BC #8(0.32g)	スミス D-コンタクトフック #10(0.20g)	スミス D-コンタクトフック #8(0.31g)	スミス 化研フックトレブル #8(0.34g)	がまかつ トレブルRB-M #10(0.23g)	がまかつ トレブルRB-M #8(0.32g)
オーナーばり S-75M #4 (0.17g)	ガン玉7号 .020 LW 3.7cm	ガン玉5号 .025 LW 4.7cm	ガン玉8号 .015 LW 2.8cm	ガン玉5号 .025 LW 4.5cm	ガン玉5号 .025 LW 4.9cm	ガン玉8号 .020 LW 3.3cm	ガン玉5号 .025 LW 4.7cm
オーナーばり S-75M #6 (0.12g)	ガン玉6号 .025 LW 4.4cm	ガン玉4号 .025 LW 5.2cm	ガン玉7号 .020 LW 3.7cm	ガン玉4号 .025 LW 5.1cm	ガン玉3号 .025 LW 5.4cm	ガン玉6号 .025 LW 3.2cm	ガン玉4号 .025 LW 5.2cm
ヴァンフック ME-41MB #4 (0.11g)	ガン玉6号 .025 LW 4.5cm	ガン玉4号 .025 LW 5.3cm	ガン玉7号 .020 LW 4.1cm	ガン玉4号 .025 LW 5.2cm	ガン玉3号 .025 LW 5.5cm	ガン玉6号 .025 LW 3.5cm	ガン玉4号 .025 LW 5.3cm
ヴァンフック PL-59 #4 (0.12g)	ガン玉6号 .025 LW 4.4cm	ガン玉4号 .025 LW 5.2cm	ガン玉7号 .020 LW 3.7cm	ガン玉4号 .025 LW 5.1cm	ガン玉3号 .025 LW 5.4cm	ガン玉6号 .025 LW 3.2cm	ガン玉4号 .025 LW 5.2cm
がまかつ シングル53 #4 (0.17g)	ガン玉7号 .020 LW 3.7cm	ガン玉5号 .025 LW 4.7cm	ガン玉8号 .015 LW 2.8cm	ガン玉5号 .025 LW 4.5cm	ガン玉5号 .025 LW 4.9cm	ガン玉8号 .020 LW 3.3cm	ガン玉5号 .025 LW 4.7cm
がまかつ シングル53 #6 (0.10g)	ガン玉5号 .025 LW 4.7cm	ガン玉4号 .025 LW 5.4cm	ガン玉7号 .025 LW 3.1cm	ガン玉4号 .025 LW 5.3cm	ガン玉3号 .025 LW 5.6cm	ガン玉6号 .025 LW 4.4cm	ガン玉4号 .025 LW 5.4cm
各メーカー 伊勢尼 10号 (0.17g)	ガン玉7号 .020 LW 3.7cm	ガン玉5号 .025 LW 4.7cm	ガン玉8号 .015 LW 2.8cm	ガン玉5号 .025 LW 4.5cm	ガン玉5号 .025 LW 4.9cm	ガン玉8号 .020 LW 3.3cm	ガン玉5号 .025 LW 4.7cm
各メーカー 伊勢尼 8号 (0.12g)	ガン玉6号 .025 LW 4.4cm	ガン玉4号 .025 LW 5.2cm	ガン玉7号 .020 LW 3.7cm	ガン玉4号 .025 LW 5.1cm	ガン玉3号 .025 LW 5.4cm	ガン玉6号 .025 LW 3.2cm	ガン玉4号 .025 LW 5.2cm
各メーカー チヌ 5号 (0.15g)	ガン玉7号 .025 LW 3.1cm	ガン玉5号 .025 LW 4.9cm	ガン玉8号 .015 LW 4.0cm	ガン玉5号 .025 LW 4.8cm	ガン玉4号 .025 LW 5.1cm	ガン玉7号 .020 LW 3.7cm	ガン玉5号 .025 LW 4.9cm
各メーカー チヌ 4号 (0.12g)	ガン玉6号 .025 LW 4.4cm	ガン玉4号 .025 LW 5.2cm	ガン玉7号 .020 LW 3.7cm	ガン玉4号 .025 LW 5.1cm	ガン玉3号 .025 LW 5.4cm	ガン玉6号 .025 LW 3.2cm	ガン玉4号 .025 LW 5.2cm
がまかつ ナノチヌふかせ 5号 (0.13g)	ガン玉6号 .025 LW 3.5cm	ガン玉4号 .025 LW 5.1cm	ガン玉8号 .020 LW 3.5cm	ガン玉5号 .025 LW 5.0cm	ガン玉4号 .025 LW 5.3cm	ガン玉7号 .025 LW 3.1cm	ガン玉4号 .025 LW 5.1cm
がまかつ ナノチヌふかせ 4号 (0.11g)	ガン玉6号 .025 LW 4.5cm	ガン玉4号 .025 LW 5.3cm	ガン玉7号 .020 LW 4.1cm	ガン玉4号 .025 LW 5.2cm	ガン玉3号 .025 LW 5.5cm	ガン玉6号 .025 LW 3.5cm	ガン4号 .025 LW 5.3cm

川と湖で、素晴らしい鱒を釣る！
トラウトルアー
Trout Lure Fishing in Hokkaido
北海道

単位換算表
1インチ（in）＝2.54cm
1フィート（ft）＝30.48cm
1ヤード（yd）＝91.44cm
1ポンド（lb）＝453.59g
1オンス（oz）＝28g
※一般的な換算です。メーカーごとに多少の差があります。

EPILOGUE

足で稼ぐ

■初めてNorth Angler's誌に載せていただいたのは高校1年のときで（現在34歳）、「フライこの一本」のコーナーでした。18歳の頃から勤務している釣具店『ランカーズクシロ』の五十嵐充店長から「やってみる？」と言われたのがきっかけです。当時、800字ほどの文章に四苦八苦しながら書いたのを今でも鮮明に覚えています。あれから10数年の月日が経ち、別冊の監修という大役を頂戴しました。今回の文字数は、最初の原稿の何100倍!? 相変わらず苦戦しながらも一生懸命に書きましたが、いたらない点もあるかと……。今後も、ご指導ご鞭撻いただければ幸いです。■ところで、最近はネットやSNSの普及で他人の釣り情報が簡単に手に入るようになり、釣果を聞いてからフィールドに行く方が少なくないようです。貴重な休日をボウズで終わりたくない気持ちはよく分かります。また、あの人はいつもデカい魚を釣っていると、人の釣果を気にしている方も多いと感じます。ただ、いつも釣っているように見える方も、きっといろいろな場所を歩いて人の何倍も努力していることでしょう。釣れなかった日は無駄足だったとくやむ方もいるかもしれませんが、今後の釣りに活きる何かがあるはず。■私はウデが伴わないので、魚からのシグナルがないと人の何倍も歩きます。10km以上歩くのは普通。釣れないときは釣れるまで歩く。それが昔も今も変わらない戦略。情報に頼らないポイント選択で魚に出会えたときの感動は計りしれません。それが釣りの本来の楽しさだと私は思っています。最後に、本誌に携わっていただいた、すべての方に厚くお礼申し上げます。

Writer & Photographer by Takashi Sasaki

Advertising Index （50音順）

アングラーズシステム	10
ヴァンフック	127
エム・アイレ	121
オーナーばり	120
キングフィッシャー	121
クレイジーフィッシャー	121
サンレアル	124
シー・レーベル	121
スミス	8
タックルハウス	2・3
つり具天狗屋	43
つり具の釣人	121
D-3カスタムルアーズ	121
なんでもリサイクル ビッグバン	115
ハードストリームス	表3
ピュア・フィッシング・ジャパン	4
フィールドハンター	表4
ブルーマリン	118
プロショップかわぐち	121
山豊テグス	5
ランカーズクシロ	121
リセント	45

2016年7月1日 初版発行

編　者　つり人社北海道支社
発行者　山根和明
印刷所　株式会社須田製版
発行所　株式会社つり人社

[本社]
〒101-8408
東京都千代田区神田神保町1-30-13
TEL.03-3294-0781
FAX.03-3294-0783

[北海道支社]
〒003-0022
北海道札幌市白石区南郷通13丁目南5-16南郷サンハイツ401
TEL.011-866-7331
FAX.011-866-7335

乱丁・落丁などがありましたら、お取り替えいたします。

ISBN978-4-86447-092-6 C2075
©Tsuribitosha INC
2016 .Printed in Japan

つり人社ホームページ
http://tsuribito.co.jp/
NAオフィシャルブログ「北の国から」もチェックしてみてね

本書の内容の一部や全部を無断で複写複製（コピー）することは、法律で認められた場合を除き、著作権および出版社の権利の侵害になりますので、その場合はあらかじめ小社あてに許諾を求めてください。

※文中の価格表記はすべて本体価格です。2016年6月現在